EinFach
Deutsch

Friedrich Schiller

Wilhelm Tell

Schauspiel

Erarbeitet und mit Anmerkungen
und Materialien versehen von
Günter Schumacher
und Klaus Vorrath

Herausgegeben von
Johannes Diekhans

westermann GRUPPE

© 1998 Ferdinand Schöningh, Paderborn

© ab 2004 Bildungshaus Schulbuchverlage
Westermann Schroedel Diesterweg Schöningh Winklers GmbH, Braunschweig
www.westermann.de

Druck A^{27} / Jahr 2020
Alle Drucke der Serie A sind im Unterricht parallel verwendbar.

Umschlaggestaltung: Jennifer Kirchhof
Druck und Bindung: Westermann Druck GmbH, Braunschweig

ISBN 978-3-14-**022300**-3

Friedrich Schiller: Wilhelm Tell

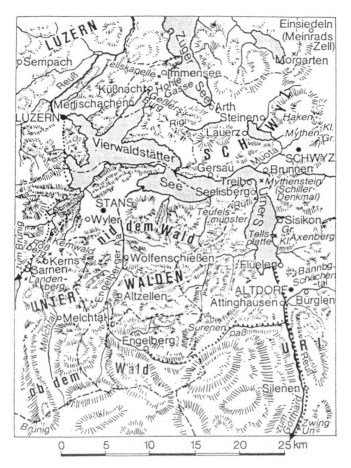

Karte zum Schauplatz

PERSONEN

Hermann Geßler, Reichsvogt in Schwyz und Uri
Werner, Freiherr von Attinghausen
Bannerherr Ulrich von Rudenz, sein Neffe

Werner Stauffacher
Konrad Hunn
Itel Reding
Hans auf der Mauer $\Big\}$ Landleute aus Schwyz
Jörg im Hofe
Ulrich der Schmied
Jost von Weiler

Walter Fürst
Wilhelm Tell
Rösselmann, der Pfarrer
Petermann, der Sigrist $\Big\}$ aus Uri
Kuoni, der Hirte
Werni, der Jäger
Ruodi, der Fischer

Arnold vom Melchthal
Konrad Baumgarten
Meier von Sarnen
Struth von Winkelried $\Big\}$ aus Unterwalden
Klaus von der Flüe
Burkhardt am Bühel
Arnold von Sewa

Pfeiffer von Luzern
Kunz von Gersau
Jenni, Fischerknabe
Seppi, Hirtenknabe
Gertrud, Stauffachers Gattin

Hedwig, Tells Gattin, Fürsts Tochter
Berta von Bruneck, eine reiche Erbin

Armgard
Mechthild   } Bäuerinnen
Elsbet
Hildegard

Walter   } Tells Knaben
Wilhelm

Frießhardt   } Söldner
Leuthold

Rudolf der Harras, Geßlers Stallmeister
Johannes Parricida, Herzog von Schwaben
Stüssi, der Flurschütz
Der Stier von Uri
Ein Reichsbote
Fronvogt
Meister Steinmetz, Gesellen und Handlanger
Öffentliche Ausrufer
Barmherzige Brüder
Geßlerische und Landenbergische Reiter
Viele Landleute, Männer und Weiber aus den Waldstätten

Erster Aufzug

Erste Szene

Hohes Felsenufer des Vierwaldstättensees, Schwyz gegen-
über. Der See macht eine Bucht ins Land, eine Hütte ist
unweit dem Ufer, Fischerknabe fährt sich in einem Kahn.
Über den See hinweg sieht man die grünen Matten[1], Dör-
fer und Höfe von Schwyz im hellen Sonnenschein liegen.
Zur Linken des Zuschauers zeigen sich die Spitzen des Ha-
ken[2] mit Wolken umgeben; zur Rechten im fernen Hinter-
grund sieht man die Eisgebirge. Noch ehe der Vorhang auf-
geht, hört man den Kuhreihen[3] und das harmonische
Geläut der Herdenglocken, welches sich auch bei eröffneter
Szene noch eine Zeit lang fortsetzt.

FISCHERKNABE *(singt im Kahn).*
  (Melodie des Kuhreihens)
  Es lächelt der See, er ladet zum Bade,
  Der Knabe schlief ein am grünen Gestade,
    Da hört er ein Klingen,
    Wie Flöten so süß,
5   Wie Stimmen der Engel
    Im Paradies.
  Und wie er erwachet in seliger Lust,
  Da spülen die Wasser ihm um die Brust,
    Und es ruft aus den Tiefen:
10   Lieb Knabe, bist mein!
    Ich locke den Schläfer,
    Ich zieh ihn herein.

HIRTE *(auf dem Berge).*
  (Variation des Kuhreihens)
  Ihr Matten lebt wohl!
  Ihr sonnigen Weiden!
15 Der Senne[4] muss scheiden,
  Der Sommer ist hin.

---

[1] Waldwiesen
[2] für alle im Text genannten Handlungsorte s. Kartenskizze, S. 5
[3] Melodie, welche die Alpenhirten auf dem Alphorn blasen, um das
   zerstreute Vieh zu sammeln
[4] Alphirt

Wir fahren zu Berg, wir kommen wieder,
Wenn der Kuckuck ruft, wenn erwachen die Lieder,
Wenn mit Blumen die Erde sich kleidet neu,
20   Wenn die Brünnlein fließen im lieblichen Mai.
    Ihr Matten lebt wohl!
    Ihr sonnigen Weiden!
    Der Senne muss scheiden,
    Der Sommer ist hin.

ALPENJÄGER *(erscheint gegenüber auf der Höhe des Felsen).*
    (Zweite Variation)
25   Es donnern die Höhen, es zittert der Steg,
    Nicht grauet dem Schützen auf schwindlichtem Weg,
        Er schreitet verwegen
        Auf Feldern von Eis,
        Da pranget kein Frühling,
30   Da grünet kein Reis;
    Und unter den Füßen ein neblichtes Meer,
    Erkennt er die Städte der Menschen nicht mehr,
        Durch den Riss nur der Wolken
        Erblickt er die Welt,
35   Tief unter den Wassern
        Das grünende Feld.

(Die Landschaft verändert sich, man hört ein dumpfes Krachen von den Bergen, Schatten von Wolken laufen über die Gegend)
(Ruodi der Fischer kommt aus der Hütte. Werni der Jäger steigt vom Felsen. Kuoni der Hirte kommt, mit dem Melknapf auf der Schulter. Seppi, sein Handbube, folgt ihm)

RUODI. Mach hurtig, Jenni. Zieh die Naue[1] ein.
    Der graue Talvogt[2] kommt, dumpf brüllt der Firn[3],
    Der Mythenstein zieht seine Haube[4] an,
40   Und kalt her bläst es aus dem Wetterloch[5],
    Der Sturm, ich mein, wird da sein, eh wir's denken.

---

[1] Kahn
[2] tiefhängende Wolken
[3] Schnee vom Vorjahr
[4] hier für „Wolke"
[5] Bergspalte, worin sich der Wind verfängt

KUONI. 's kommt Regen, Fährmann. Meine Schafe fressen
Mit Begierde Gras, und Wächter[1] scharrt die Erde.
WERNI. Die Fische springen, und das Wasserhuhn
Taucht unter. Ein Gewitter ist im Anzug.
45 KUONI (zum Buben). Lug[2], Seppi, ob das Vieh sich nicht ver-
                                                    laufen.
SEPPI. Die braune Liesel kenn ich am Geläut.
KUONI. So fehlt uns keine mehr, die geht am weitsten.
RUODI. Ihr habt ein schön Geläute, Meister Hirt.
50 WERNI. Und schmuckes Vieh – Ist's Euer eignes, Lands-
KUONI. Bin nit so reich – 's ist meines gnädgen Herrn,   [mann?
Des Attinghäusers, und mir zugezählt.
RUODI. Wie schön der Kuh das Band zu Halse steht.
KUONI. Das weiß sie auch, dass sie den Reihen führt,
55   Und nähm ich ihr's, sie hörte auf zu fressen.
RUODI. Ihr seid nicht klug! Ein unvernünftges Vieh –
WERNI. Ist bald gesagt. Das Tier hat auch Vernunft,
Das wissen w i r, die wir die Gemsen jagen
Die stellen klug, wo sie zur Weide gehn,
60   'ne Vorhut aus, die spitzt das Ohr und warnet
Mit heller Pfeife, wenn der Jäger naht.
RUODI (zum Hirten). Treibt Ihr jetzt heim?
KUONI.   Die Alp ist abgeweidet.
WERNI. Glückselge Heimkehr, Senn!
KUONI.   Die wünsch ich Euch,
Von Eurer Fahrt kehrt sich's nicht immer wieder.
65 RUODI. Dort kommt ein Mann in voller Hast gelaufen.
WERNI. Ich kenn ihn, 's ist der Baumgart von Alzellen.
     (Konrad Baumgarten atemlos hereinstürzend)
BAUMGARTEN. Um Gottes willen, Fährmann, Euren Kahn!
RUODI. Nun, nun, was gibt's so eilig?
BAUMGARTEN.   Bindet los!
     Ihr rettet mich vom Tode! Setzt mich über!
KUONI. Landsmann, was habt Ihr?
70 WERNI.   Wer verfolgt Euch denn?

---

[1]   Kuonis Hirtenhund
[2]   schau nach

Baumgarten *(zum Fischer)*.
    Eilt, eilt, sie sind mir dicht schon an den Fersen!
    Des Landvogts[1] Reiter kommen hinter mir,
    Ich bin ein Mann des Tods, wenn sie mich greifen.
Ruodi. Warum verfolgen Euch die Reisigen[2]?
75 Baumgarten. Erst rettet mich und dann steh ich Euch Rede.
Werni. Ihr seid mit Blut befleckt, was hat's gegeben?
Baumgarten. Des Kaisers Burgvogt, der auf Roßberg saß –
Kuoni. Der Wolfenschießen? Lässt euch d e r verfolgen?
Baumgarten. Der schadet nicht mehr, ich hab ihn
Alle *(fahren zurück)*.   [erschlagen.
80   Gott sei Euch gnädig! Was habt Ihr getan?
Baumgarten. Was jeder freie Mann an meinem Platz!
    Mein gutes Hausrecht hab ich ausgeübt.
    Am Schänder meiner Ehr und meines Weibes.
Kuoni. Hat Euch der Burgvogt an der Ehr geschädigt?
85 Baumgarten. Dass er sein bös Gelüsten nicht vollbracht,
    Hat Gott und meine gute Axt verhütet.
Werni. Ihr habt ihm mit der Axt den Kopf zerspalten?
Kuoni. O, lass uns alles hören, Ihr habt Zeit,
    Bis er den Kahn vom Ufer losgebunden.
90 Baumgarten. Ich hatte Holz gefällt im Wald, da kommt
    Mein Weib gelaufen in der Angst des Todes.
    „Der Burgvogt lieg in meinem Haus, er hab
    Ihr anbefohlen, ihm ein Bad zu rüsten.
    Drauf hab er Ungebührliches von ihr
95   Verlangt, sie sei entsprungen, mich zu suchen."
    Da lief ich frisch hinzu, so wie ich war,
    Und mit der Axt hab ich ihm's Bad gesegnet.
Werni. Ihr tatet wohl, kein Mensch kann Euch drum schelten.
Kuoni. Der Wüterich! Der hat nun seinen Lohn!
100   Hat's lang verdient ums Volk von Unterwalden.
Baumgarten. Die Tat ward ruchbar[3], mir wird nachge-
    Indem wir sprechen – Gott – verrinnt die Zeit –   [setzt –
    (Es fängt an zu donnern)

---

[1] Vertreter des Königs (Verwalter, Richter)
[2] bewaffnete Reiter
[3] bekannt

KUONI. Frisch, Fährmann – schaff den Biedermann[1] hinüber.

RUODI. Geht nicht. Ein schweres Ungewitter ist
Im Anzug. Ihr müsst warten.

105 BAUMGARTEN.   Heil'ger Gott!
Ich kann nicht warten. Jeder Aufschub tötet –

KUONI *(zum Fischer).*
Greif an mit Gott, dem Nächsten muss man helfen,
Es kann uns allen Gleiches ja begegnen.
(Brausen und Donnern)

RUODI. Der Föhn ist los, Ihr seht, wie hoch der See geht,
110 Ich kann nicht steuern gegen Sturm und Wellen.

BAUMGARTEN *(umfasst seine Knie).*
So helf Euch Gott, wie Ihr Euch mein erbarmet –

WERNI. Es geht ums Leben, sei barmherzig, Fährmann.

KUONI. 's ist ein Hausvater und hat Weib und Kinder!
(Wiederholte Donnerschläge)

RUODI. Was? Ich hab auch ein Leben zu verlieren,
115 Hab Weib und Kind daheim, wie er – Seht hin,
Wie's brandet, wie es wogt und Wirbel zieht,
Und alle Wasser aufrührt in der Tiefe.
– Ich wollte gern den Biedermann erretten,
Doch es ist rein unmöglich, Ihr seht selbst.

BAUMGARTEN *(noch auf den Knien).*
120 So muss ich fallen in des Feindes Hand,
Das nahe Rettungsufer im Gesichte!
– Dort liegt's! Ich kann's erreichen mit den Augen,
Hinüberdringen kann der Stimme Schall,
Da ist der Kahn, der mich hinübertrüge,
125 Und muss hier liegen, hülflos, und verzagen!

KUONI. Seht, wer da kommt!

WERNI.   Es ist der Tell aus Bürglen.
(Tell mit der Armbrust[2])

TELL. Wer ist der Mann, der hier um Hilfe fleht?

KUONI. 's ist ein Alzeller Mann, er hat sein Ehr
Verteidigt und den Wolfenschieß erschlagen,
130 Des Königs Burgvogt, der auf Roßberg saß –

---

[1] Ehrenmann
[2] dem Bogen ähnliche Schusswaffe, mit der Bolzen, Pfeile o.Ä. abge-
schossen werden

Des Landvogts Reiter sind ihm auf den Fersen,
Er fleht den Schiffer um die Überfahrt,
Der fürcht't sich vor dem Sturm und will nicht fahren.

RUODI. Da ist der Tell, er führt das Ruder auch,
135   Der soll mir's zeugen[1], ob die Fahrt zu wagen.

TELL. Was Not tut, Fährman, lässt sich alles wagen.
      (Heftige Donnerschläge, der See rauscht auf)

RUODI. Ich soll mich in den Höllenrachen stürzen?
      Das täte keiner, der bei Sinnen ist.

TELL. Der brave Mann denkt an sich selbst zuletzt,
140   Vertrau auf Gott und rette den Bedrängten.

RUODI. Vom sichern Port[2] lässt sich's gemächlich raten,
      Da ist der Kahn und dort der See! Versucht's!

TELL. Der See kann sich, der Landvogt nicht erbarmen,
      Versuch es, Fährmann!

HIRTEN UND JÄGER.   Rett ihn! Rett ihn! Rett ihn!

145 RUODI. Und wär's mein Bruder und mein leiblich Kind,
      Es kann nicht sein, 's ist heut Simons und Judä[3],
      Da rast der See und will sein Opfer haben.

TELL. Mit eitler Rede wird hier nichts geschafft,
      Die Stunde dringt, dem Mann muss Hilfe werden.
150   Sprich, Fährmann, willst du fahren?

RUODI.   Nein, nicht ich!

TELL. In Gottes Namen denn! Gib her den Kahn,
      Ich will's mit meiner schwachen Kraft versuchen.

KUONI. Ha, wackrer Tell!

WERNI.   Das gleicht dem Weidgesellen!

BAUMGARTEN. Mein Retter seid Ihr und mein Engel, Tell!

155 TELL. Wohl aus der Vogts Gewalt errett ich Euch,
      Aus Sturmes Nöten muss ein andrer helfen.
      Doch besser ist's, Ihr fallt in Gottes Hand,
      Als in der Menschen! *(Zu dem Hirten)* Landsmann, tröstet Ihr
      Mein Weib, wenn mir was Menschliches begegnet,
160   Ich hab getan, was ich nicht lassen konnte.
      (Er springt in den Kahn)

---

[1] bezeugen
[2] Hafen
[3] Heiligenfest am 28. Oktober

KUONI *(zum Fischer)*. Ihr seid ein Meister Steuermann.
  Was sich der Tell getraut, das konntet Ihr nicht wagen?
RUODI. Wohl bessre Männer tun's dem Tell nicht nach,
  Es gibt nicht zwei, wie der ist, im Gebirge.
WERNI *(ist auf den Fels gestiegen)*.
165   Er stößt schon ab. Gott helf dir, braver Schwimmer!
  Sieh, wie das Schifflein auf den Wellen schwankt!
KUONI *(am Ufer)*. Die Flut geht drüber weg – Ich seh's nicht
  Doch halt, da ist es wieder! Kräftiglich   [mehr.
  Arbeitet sich der Wackre durch die Brandung.
170 SEPPI. Des Landvogts Reiter kommen angesprengt.
KUONI. Weiß Gott, sie sind's! Das war Hilf in der Not.
  (Ein Trupp Landenbergischer Reiter)
ERSTER REITER. Den Mörder gebt heraus, den ihr verborgen.
ZWEITER. Des Wegs kam er, umsonst verhehlt[1] ihr ihn.
KUONI UND RUODI. Wen meint ihr, Reiter?
ERSTER REITER *(entdeckt den Nachen)*.   Ha, was seh ich!
                                                    Teufel!
WERNI *(oben)*.
175   Ist's der im Nachen, den ihr sucht? – Reit zu,
  Wenn ihr frisch beilegt, holt ihr ihn noch ein.
ZWEITER. Verwünscht! Er ist entwischt.
ERSTER *(zum Hirten und Fischer)*.   Ihr habt ihm fortgeholfen,
  Ihr sollt uns büßen – Fallt in ihre Herde!
  Die Hütte reißet ein, brennt und schlagt nieder! *(Eilen fort)*
180 SEPPI *(stürzt nach)*. O meine Lämmer!
KUONI *(folgt)*.   Weh mir! Meine Herde!
WERNI. Die Wütriche!
RUODI *(ringt die Hände)*. Gerechtigkeit des Himmels,
  Wann wird der Retter kommen diesem Lande?
  (Folgt ihnen)

Zweite Szene

*Zu Steinen in Schwyz. Eine Linde vor des Stauffachers
Hause an der Landstraße, nächst der Brücke
Werner Stauffacher, Pfeiffer von Luzern kommen im
Gespräch.*

---

[1] versteckt

PFEIFFER. Ja, ja, Herr Stauffacher, wie ich Euch sagte.
185 Schwört nicht zu Östreich, wenn Ihr's könnt vermeiden.
Haltet fest am Reich und wacker wie bisher,
Gott schirme Euch bei Eurer alten Freiheit!
(Drückt ihm herzlich die Hand und will gehen)
STAUFFACHER. Bleibt doch, bis meine Wirtin[1] kommt – Ihr
Seid mein Gast zu Schwyz, ich in Luzern der Eure.
PFEIFFER. Viel Dank! Muss heute Gersau noch erreichen.
190 – Was ihr auch Schweres mögt zu leiden haben
Von eurer Vögte Geiz und Übermut,
Tragt's in Geduld! Es kann sich ändern, schnell,
Ein andrer Kaiser kann ans Reich gelangen.
Seid ihr erst Österreichs, seid ihr's auf immer.
*(Er geht ab. Stauffacher setzt sich kummervoll auf eine Bank
unter der Linde. So findet ihn Gertrud, seine Frau, die sich
neben ihn stellt und ihn eine Zeit lang schweigend betrach-
tet)*
195 GERTRUD. So ernst, mein Freund? Ich kenne dich nicht mehr.
Schon viele Tage seh ich's schweigend an,
Wie finstrer Trübsinn deine Stirne furcht.
Auf deinem Herzen drückt ein still Gebresten[2],
Vertrau es mir, ich bin dein treues Weib,
200 Und meine Hälfte fordr ich deines Grams.
(Stauffacher reicht ihr die Hand und schweigt)
Was kann dein Herz beklemmen, sag es mir.
Gesegnet ist dein Fleiß, dein Glücksstand blüht,
Voll sind die Scheunen, und der Rinder Scharen,
Der glatten Pferde wohlgenährte Zucht
205 Ist von den Bergen glücklich heimgebracht
Zur Winterung in den bequemen Ställen.
– Da steht dein Haus, reich, wie ein Edelsitz,
Von schönem Stammholz ist es neu gezimmert
Und nach dem Richtmaß ordentlich gefügt,
210 Von vielen Fenstern glänzt es wohnlich, hell,
Mit bunten Wappenschildern ist's bemalt
Und weisen Sprüchen, die der Wandersmann
Verweilend liest und ihren Sinn bewundert.

---

[1] Hausfrau, Gattin
[2] schweres Leid

STAUFFACHER. Wohl steht das Haus gezimmert und gefügt,
215   Doch ach – es wankt der Grund, auf den wir bauten.
GERTRUD. Mein Werner, sage, wie verstehst du das?
STAUFFACHER. Vor dieser Linde saß ich jüngst wie heut,
Das schön Vollbrachte freudig überdenkend,
Da kam daher von Küßnacht, seiner Burg,
220   Der Vogt mit seinen Reisigen geritten.
Vor diesem Hause hielt er wundernd an,
Doch ich erhub mich schnell, und unterwürfig,
Wie sich's gebührt, trat ich dem Herrn entgegen,
Der uns des Kaisers richterliche Macht
225   Vorstellt im Lande. Wessen ist dies Haus?
Fragt' er bösmeinend, denn er wusst es wohl.
Doch schnell besonnen ich entgegn ihm so:
Dies Haus, Herr Vogt, ist meines Herrn des Kaisers,
Und Eures und mein Lehen[1] – da versetzt er:
230   „Ich bin Regent im Land an Kaisers Statt
Und will nicht, dass der Bauer Häuser baue
Auf seine eigne Hand, und also frei
Hinleb, als ob er Herr wär in dem Lande,
Ich werd mich unterstehn, Euch das zu wehren."
235   Dies sagend ritt er trutziglich[2] von dannen,
Ich aber blieb mit kummervoller Seele,
Das Wort bedenkend, das der Böse sprach.
GERTRUD. Mein lieber Herr und Ehewirt! Magst du
Ein redlich Wort von deinem Weib vernehmen?
240   Des edeln Ibergs Tochter rühm ich mich,
Des viel erfahrnen Manns. Wir Schwestern saßen,
Die Wolle spinnend, in den langen Nächten,
Wenn bei dem Vater sich des Volkes Häupter
Versammelten, die Pergamente[3] lasen
245   Der alten Kaiser, und des Landes Wohl
Bedachten in vernünftigem Gespräch.
Aufmerkend hört ich da manch kluges Wort,
Was der Verständge denkt, der Gute wünscht,

---

[1]   vom Kaiser oder König zur Nutzung zinspflichtig ver-„liehener"
      Besitz
[2]   stolz, herrisch
[3]   hier: vom Kaiser verliehene Freiheitsbriefe

Und still im Herzen hab ich mir's bewahrt,
250 So höre denn und acht auf meine Rede,
Denn was dich presste, sieh, das wusst ich längst.
– Dir grollt der Landvogt, möchte gern dir schaden,
Denn du bist ihm ein Hindernis, dass sich
Der Schwyzer nicht dem neuen Fürstenhaus
255 Will unterwerfen, sondern treu und fest
Beim Reich beharren, wie die würdigen
Altvordern[1] es gehalten und getan. –
Ist's nicht so, Werner? Sag es, wenn ich lüge!
STAUFFACHER. So ist's, das ist des Geßlers Groll auf mich.
260 GERTRUD. Er ist dir neidisch, weil du glücklich wohnst,
Ein freier Mann auf deinem eignen Erb,
– Denn er hat keins. Vom Kaiser selbst und Reich
Trägst du dies Haus zu Lehn, du darfst es zeigen,
So gut der Reichsfürst seine Länder zeigt,
265 Denn über dir erkennst du keinen Herrn
Als nur den Höchsten in der Christenheit –
Er ist ein jüngrer Sohn nur seines Hauses,
Nichts nennt er sein als seinen Rittermantel,
Drum sieht er jedes Biedermannes Glück
270 Mit scheelen Augen giftger Missgunst an,
Dir hat er längst den Untergang geschworen –
Noch stehst du unversehrt – Willst du erwarten,
Bis er die böse Lust an dir gebüßt[2]?
Der kluge Mann baut vor.   ← _Krug ?_
STAUFFACHER.   Was ist zu tun!
275 GERTRUD _(tritt näher)_. So höre meinen Rat! Du weißt, wie hier
Zu Schwyz sich alle Redlichen beklagen
Ob dieses Landvogts Geiz und Wüterei.
So zweifle nicht, dass sie dort drüben auch
In Unterwalden und im Urner Land
280 Des Dranges müd sind und des harten Jochs –
Denn wie der Geßler hier, so schafft es frech
Der Landenberger drüben überm See –
Es kommt kein Fischerkahn zu uns herüber,
Der nicht ein neues Unheil und Gewalt-

---

[1] Vorfahren
[2] gestillt, befriedigt

285 Beginnen von den Vögten uns verkündet.
    Drum tät es gut, dass eurer etliche,
    Die's redlich meinen, still zu Rate gingen,
    Wie man des Drucks sich möcht erledigen,
    So acht ich wohl, Gott würd euch nicht verlassen
290 Und der gerechten Sache gnädig sein –
    Hast du in Uri keinen Gastfreund, sprich,
    Dem du dein Herz magst redlich offenbaren?
    STAUFFACHER. Der wackern Männer kenn ich viele dort
    Und angesehen große Herrenleute,
295 Die mir geheim[1] sind und gar wohl vertraut.
    (Er steht auf)
    Frau, welchen Sturm gefährlicher Gedanken
    Weckst du mir in der stillen Brust! Mein Innerstes
    Kehrst du ans Licht des Tages mir entgegen,
    Und was ich mir zu denken still verbot,
300 Du sprichst's mit leichter Zunge kecklich[2] aus.
    – Hast du auch wohl bedacht, was du mir rätst?
    Die wilde Zwietracht und den Klang der Waffen
    Rufst du in dieses friedgewohnte Tal –
    Wir wagten es, ein schwaches Volk der Hirten,
305 In Kampf zu gehen mit dem Herrn der Welt?
    Der gute Schein nur ist's, worauf sie warten,
    Um loszulassen auf dies arme Land
    Die wilden Horden ihrer Kriegesmacht,
    Darin zu schalten mit des Siegers Rechten
310 Und unterm Schein gerechter Züchtigung
    Die alten Freiheitsbriefe zu vertilgen.
    GERTRUD. Ihr seid auch Männer, wisset eure Axt
    Zu führen, und dem Mutigen hilft Gott!
    STAUFFACHER. O Weib! Ein furchtbar wütend Schrecknis ist
315 Der Krieg, die Herde schlägt er und den Hirten.
    GERTRUD. Ertragen muss man, was der Himmel sendet,
    Unbilliges[3] erträgt kein edles Herz.
    STAUFFACHER. Dies Haus erfreut dich, das wir neu erbauten.
    Der Krieg, der ungeheure, brennt es nieder.

---

[1] innig befreundet
[2] mutig
[3] Ungerechtes

320 GERTRUD. Wüsst ich mein Herz an zeitlich Gut gefesselt,
　　　Den Brand wärf ich hinein mit eigner Hand.
　　STAUFFACHER. Du glaubst an Menschlichkeit!
　　　　　　　　　　　　　　　　　　　Es schont der Krieg
　　　Auch nicht das zarte Kindlein in der Wiege.
　　GERTRUD. Die Unschuld hat im Himmel einen Freund!
325　　 – Sieh vorwärts, Werner, und nicht hinter dich!
　　STAUFFACHER. Wir Männer können tapfer fechtend sterben,
　　　Welch Schicksal aber wird das eure sein?
　　GERTRUD. Die letzte Wahl steht auch dem Schwächsten of-
　　　Ein Sprung von dieser Brücke macht mich frei.　　[fen,
　　STAUFFACHER *(stürzt in ihre Arme)*.
330　　Wer solch ein Herz an seinen Busen drückt,
　　　Der kann für Herd und Hof mit Freuden fechten,
　　　Und keines Königs Heermacht fürchtet er –
　　　Nach Uri fahr ich stehnden Fußes gleich,
　　　Dort lebt ein Gastfreund mir, Herr Walter Fürst,
335　　Der über diese Zeiten denkt wie ich.
　　　Auch find ich dort den edeln Bannerherrn[1]
　　　Von Attinghaus – obgleich von hohem Stamm
　　　Liebt er das Volk und ehrt die alten Sitten.
　　　Mit ihnen beiden pfleg ich Rats, wie man
340　　Der Landesfeinde mutig sich erwehrt –
　　　Leb wohl – und weil[2] ich fern bin, führe du
　　　Mit klugem Sinn das Regiment des Hauses –
　　　Dem Pilger, der zum Gotteshause wallt[3],
　　　Dem frommen Mönch, der für sein Kloster sammelt,
345　　Gib reichlich und entlass ihn wohlgepflegt.
　　　Stauffachers Haus verbirgt sich nicht. Zu äußerst
　　　Am offenen Herweg steht's, ein wirtlich Dach
　　　Für alle Wandrer, die des Weges fahren.
　　　(Indem sie nach dem Hintergrunde abgehen, tritt Wilhelm Tell
　　　　　mit Baumgarten vorn auf die Szene)
　　TELL *(zu Baumgarten)*. Ihr habt jetzt meiner weiter nicht
350　　Zu jenem Hause gehet ein, dort wohnt　　　　[vonnöten,

---

[1]　jeder von hohem Adel, der sein eigenes Banner (Fahne) führen durfte
[2]　während
[3]　wallfahrtet, geht

Der Stauffacher, ein Vater der Bedrängten.
– Doch sieh, da ist er selber – Folgt mir, kommt!
(Gehen auf ihn zu, die Szene verwandelt sich)

Dritte Szene

Öffentlicher Platz bei Altorf

Auf einer Anhöhe im Hintergrund sieht man eine Feste bauen, welche schon so weit gediehen, dass sich die Form des Ganzen darstellt. Die hintere Seite ist fertig, an der vordern wird eben gebaut, das Gerüste steht noch, an welchem die Werkleute auf und nieder steigen, auf dem höchsten Dach hängt der Schieferdecker. – Alles ist in Bewegung und Arbeit.

Fronvogt[1]. Meister Steinmetz. Gesellen und Handlanger

FRONVOGT *(mit dem Stabe, treibt die Arbeiter)*.
    Nicht lang gefeiert, frisch! Die Mauersteine
    Herbei, den Kalk, den Mörtel zugefahren!
355 Wenn der Herr Landvogt kommt, dass er das Werk
    Gewachsen sieht – Das schlendert wie die Schnecken.
    (Zu zwei Handlangern, welche tragen)
    Heißt das geladen? Gleich das Doppelte!
    Wie die Tagdiebe ihre Pflicht bestehlen!
ERSTER GESELL. Das ist doch hart, dass wir die Steine selbst
360 Zu unserm Twing[2] und Kerker sollen fahren!
FRONVOGT. Was murret ihr? Das ist ein schlechtes Volk,
    Zu nichts anstellig als das Vieh zu melken,
    Und faul herumzuschlendern auf den Bergen.
ALTER MANN *(ruht aus)*. Ich kann nicht mehr.
FRONVOGT *(schüttelt ihn)*.   Frisch, Alter, an die Arbeit!
365 ERSTER GESELL. Habt Ihr denn gar kein Eingeweid, dass Ihr
    Den Greis, der kaum sich selber schleppen kann,
    Zum harten Frondienst treibt?
MEISTER STEINMETZ UND GESELLEN.
                    's ist himmelschreiend!
FRONVOGT. Sorgt ihr für euch, ich tu, was meines Amts.

---

[1] Aufseher über die Fron, d.h., die dem Herrn geschuldete Arbeit
[2] Zwang, hier: Zwingburg

ZWEITER GESELL. Fronvogt, wie wird die Feste denn sich nennen,
370 Die wir da baun?
FRONVOGT.   Zwing Uri soll sie heißen,
    Denn unter dieses Joch wird man euch beugen.
GESELLEN. Zwing Uri!
FRONVOGT.   Nun, was gibt's dabei zu lachen?
ZWEITER GESELL. Mit diesem Häuslein wollt ihr Uri zwingen?
ERSTER GESELL. Lass sehn, wie viel man solcher Maulwurfs-
375 Muss übernandersetzen, bis ein Berg   [haufen
    Draus wird, wie der geringste nur in Uri!
    (Fronvogt geht nach dem Hintergrund)
MEISTER STEINMETZ. Den Hammer werf ich in den tiefsten See,
    Der mir gedient bei diesem Fluchgebäude!
    (Tell und Stauffacher kommen)
STAUFFACHER. O hätt ich nie gelebt, um das zu schauen!
380 TELL. Hier ist nicht gut sein. Lasst uns weitergehn.
STAUFFACHER. Bin ich zu Uri, in der Freiheit Land?
MEISTER STEINMETZ. O Herr, wenn Ihr die Keller erst gesehn
    Unter den Türmen! Ja, wer die bewohnt,
    Der wird den Hahn nicht fürder krähen hören!
385 STAUFFACHER. O Gott!
STEINMETZ.   Seht diese Flanken, diese Strebepfeiler,
    Die stehn, wie für die Ewigkeit gebaut!
TELL. Was Hände bauten, können Hände stürzen.
    (Nach den Bergen zeigend)
    Das Haus der Freiheit hat uns Gott gegründet. ⟋ die Bergen schönheit, die Natur
    *(Man hört eine Trommel, es kommen Leute, die einen Hut auf
    einer Stange tragen, ein Ausrufer folgt ihnen, Weiber und Kin-
    der dringen tumultuarisch[1] nach)*
ERSTER GESELL. Was will die Trommel? Gebet acht!
MEISTER STEINMETZ.   Was für
390 Ein Fastnachtsaufzug und was soll der Hut[2]?
AUSRUFER. In des Kaisers Namen! Höret!
GESELLEN.   Still doch! Höret!
AUSRUFER. Ihr sehet diesen Hut, Männer von Uri!
    Aufrichten wird man ihn auf hoher Säule,
    Mitten in Altorf, an dem höchsten Ort,

---

[1] lärmend
[2] Zeichen der Herzogswürde

Der Hut repräsentiert der Kaiser.

395 Und dieses ist des Landvogts Will und Meinung:
Dem Hut soll gleiche Ehre wie ihm selbst geschehn,
Man soll ihn mit gebognem Knie und mit
Entblößtem Haupt verehren – Daran will
Der König die Gehorsamen erkennen.
400 Verfallen ist mit seinem Leib und Gut
Dem Könige, wer das Gebot verachtet.
(Das Volk lacht laut auf, die Trommel wird gerührt, sie gehen vorüber)

ERSTER GESELL. Welch neues Unerhörtes hat der Vogt
Sich ausgesonnen! Wir 'nen Hut verehren!
Sagt! Hat man je vernommen von dergleichen?
405 MEISTER STEINMETZ. Wir unsre Kniee beugen einem Hut!
Treibt er sein Spiel mit ernsthaft würd'gen Leuten?
ERSTER GESELL. Wär's noch die kaiserliche Kron! So ist's
Der Hut von Österreich; ich sah ihn hangen
Über dem Thron, wo man die Lehen gibt!
410 MEISTER STEINMETZ. Der Hut von Österreich! Gebt acht, es ist
Ein Fallstrick, uns an Östreich zu verraten!
GESELLEN. Kein Ehrenmann wird sich der Schmach bequemen.
MEISTER STEINMETZ.
Kommt, lasst uns mit den andern Abred nehmen.
(Sie gehen nach der Tiefe)
TELL *(zum Stauffacher).*
Ihr wisset nun Bescheid. Lebt wohl, Herr Werner!
415 STAUFFACHER. Wo wollt Ihr hin? O eilt nicht so von dannen.
TELL. Mein Haus entbehrt des Vaters. Lebet wohl.
STAUFFACHER. Mir ist das Herz so voll, mit Euch zu reden.
TELL. Das schwere Herz wird nicht durch Worte leicht.
STAUFFACHER. Doch könnten Worte uns zu Taten führen.
420 TELL. Die einz'ge Tat ist jetzt Geduld und Schweigen.
STAUFFACHER. Soll man ertragen, was unleidlich ist?
TELL. Die schnellen Herrscher[1] sind's, die kurz regieren.
– Wenn sich der Föhn erhebt aus seinen Schlünden,
Löscht man die Feuer aus, die Schiffe suchen
425 Eilends den Hafen, und der mächt'ge Geist
Geht ohne Schaden, spurlos, über die Erde.
Ein jeder lebe still bei sich daheim,
Dem Friedlichen gewährt man gern den Frieden.

[1] gewalttätig handelnde Herrscher

Tell sagt: wir müssen ruhig bleiben, und wenn wir friedlich sind, dann bleibt der Kaiser auch friedlich mit uns.

STAUFFACHER. Meint Ihr?

TELL.   Die Schlange sticht nicht ungereizt.
430 Sie werden endlich doch von selbst ermüden,
     Wenn sie die Lande ruhig bleiben sehn.

STAUFFACHER. Wir könnten viel, wenn wir zusammenstünden.

TELL. Beim Schiffbruch hilft der Einzelne sich leichter.

STAUFFACHER. So kalt verlasst Ihr die gemeine Sache?

435 TELL. Ein jeder zählt nur sicher auf sich selbst.

STAUFFACHER. Verbunden werden auch die Schwachen mächtig.

TELL. Der Starke ist am mächtigsten allein.

STAUFFACHER. So kann das Vaterland auf Euch nicht zählen,
     Wenn es verzweiflungsvoll zur Notwehr greift?

TELL *(gibt ihm die Hand)*.
440 Der Tell holt ein verlornes Lamm vom Abgrund,
     Und sollte seinen Freunden sich entziehen?
     Doch was ihr tut, lasst mich aus eurem Rat,
     Ich kann nicht lange prüfen oder wählen,
     Bedürft ihr meiner zu bestimmter Tat,
445 Dann ruft den Tell, es soll an mir nicht fehlen.
     *(Gehen ab zu verschiedenen Seiten. Ein plötzlicher Auf-
     lauf entsteht um das Gerüste)*

MEISTER STEINMETZ *(eilt hin)*. Was gibt's?

ERSTER GESELL *(kommt vor, rufend)*.
                    Der Schieferdecker ist vom Dach gestürzt.
     (Berta mit Gefolge)

BERTA *(stürzt herein)*. Ist er zerschmettert? Rennet, rettet,
     Wenn Hülfe möglich, rettet, hier ist Gold –   [helft –
     (Wirft ihr Geschmeide unter das Volk)

MEISTER. Mit eurem Golde – Alles ist euch feil
450 Um Gold, wenn ihr den Vater von den Kindern
     Gerissen und den Mann von seinem Weibe,
     Und Jammer habt gebracht über die Welt,
     Denkt ihr's mit Golde zu vergüten – Geht!
     Wir waren frohe Menschen, eh ihr kamt,
455 Mit euch ist die Verzweiflung eingezogen.

BERTA *(zu dem Fronvogt, der zurückkommt)*.
     Lebt er? *(Fronvogt gibt ein Zeichen des Gegenteils)*
                    O unglücksel'ges Schloss, mit Flüchen
     Erbaut, und Flüche werden dich bewohnen!
     (Geht ab)

Vierte Szene

Walter Fürsts Wohnung

Walter Fürst und Arnold vom Melchthal treten zugleich ein, von verschiedenen Seiten.

MELCHTHAL. Herr Walter Fürst –

WALTER FÜRST.   Wenn man uns überraschte!
Bleibt, wo Ihr seid. Wir sind umringt von Spähern.

460 MELCHTHAL. Bringt Ihr mir nichts von Unterwalden? Nichts
Von meinem Vater? Nicht ertrag ich's länger,
Als ein Gefangner müßig hier zu liegen.
Was hab ich denn so Sträfliches getan,
Um mich gleich einem Mörder zu verbergen?

465 Dem frechen Buben, der die Ochsen mir,
Das trefflichste Gespann, vor meinen Augen
Weg wollte treiben auf des Vogts Geheiß,
Hab ich den Finger mit dem Stab gebrochen.

WALTER FÜRST. Ihr seid zu rasch. Der Bube war des Vogts,

470 Von Eurer Obrigkeit war er gesendet,
Ihr wart in Straf gefallen, musstet Euch,
Wie schwer sie war, der Buße schweigend fügen.

MELCHTHAL. Ertragen sollt ich die leichtfert'ge Rede
Des Unverschämten: „Wenn der Bauer Brot

475 Wollt essen, mög er selbst am Pfluge ziehn!"
In die Seele schnitt mir's, als der Bub die Ochsen,
Die schönen Tiere, von dem Pfluge spannte,
Dumpf brüllten sie, als hätten sie Gefühl
Der Ungebühr, und stießen mit den Hörnern,

480 Da übernahm mich der gerechte Zorn,
Und meiner selbst nicht Herr, schlug ich den Boten.

WALTER FÜRST. O kaum bezwingen wir das eigne Herz,
Wie soll die rasche Jugend sich bezähmen!

MELCHTHAL. Mich jammert nur der Vater – Er bedarf

485 So sehr der Pflege, und sein Sohn ist fern.
Der Vogt ist ihm gehässig, weil er stets
Für Recht und Freiheit redlich hat gestritten.
Drum werden sie den alten Mann bedrängen,
Und niemand ist, der ihn vor Unglimpf[1] schütze.

490 – Werde mit mir, was will, ich muss hinüber.

[1] Misshandlung

WALTER FÜRST. Erwartet nur und fasst euch in Geduld,
    Bis Nachricht uns herüberkommt vom Walde.
    – Ich höre klopfen, geht – Vielleicht ein Bote
    Vom Landvogt – Geht hinein – Ihr seid in Uri
495   Nicht sicher vor des Landenbergers Arm,
    Denn die Tyrannen reichen sich die Hände.
MELCHTHAL. Sie lehren uns, was wir tun sollten.
WALTER FÜRST.   Geht!
    Ich ruf Euch wieder, wenn's hier sicher ist.
    (Melchthal geht hinein)
    Der Unglückselige, ich darf ihm nicht
500   Gestehen, was mir Böses schwant – Wer klopft?
    Sooft die Türe rauscht, erwart ich Unglück.
    Verrat und Argwohn lauscht in allen Ecken,
    Bis in das Innerste der Häuser dringen
    Die Boten der Gewalt, bald tät es Not,
505   Wir hätten Schloss und Riegel an den Türen.
    (Er öffnet und tritt erstaunt zurück, da Werner Stauffa-
    cher hereintritt)
    Was seh ich? Ihr, Herr Werner! Nun, bei Gott!
    Ein werter, teurer Gast – Kein bessrer Mann
    Ist über diese Schwelle noch gegangen.
    Seid hochwillkommen unter meinem Dach!
510   Was führt Euch her? Was sucht Ihr hier in Uri?
    STAUFFACHER *(ihm die Hand reichend).*
    Die alten Zeiten und die alte Schweiz.
WALTER FÜRST. Die bringt Ihr mit Euch – Sieh, mir wird so
    Warm geht das Herz mir auf bei Eurem Anblick   [wohl,
    – Setzt Euch, Herr Werner – Wie verließet Ihr
515   Frau Gertrud, Eure angenehme Wirtin,
    Des weisen Ibergs hochverständ'ge Tochter?
    Von allen Wandrern aus dem deutschen Land,
    Die über Meinrads Zell nach Welschland[1] fahren,
    Rühmt jeder Euer gastlich Haus – Doch sagt,
520   Kommt Ihr soeben frisch von Flüelen her,
    Und habt Euch nirgend sonst noch umgesehn,
    Eh Ihr den Fuß gesetzt auf diese Schwelle?

---

[1] Italien

STAUFFACHER *(setzt sich).*
    Wohl ein erstaunlich neues Werk hab ich
    Bereiten sehen, das mich nicht erfreute.
525 WALTER FÜRST. O Freund, da habt Ihr's gleich mit einem
    STAUFFACHER. Ein solches ist in Uri nie gewesen –   [Blicke!
    Seit Menschendenken war kein Twinghof hier,
    Und fest war keine Wohnung als das Grab.
WALTER FÜRST.

[handschriftlich: die neue Festung in Uri]

    Ein Grab der Freiheit ist's. Ihr nennt's mit Namen.
530 STAUFFACHER. Herr Walter Fürst, ich will Euch nicht verhal-
    Nicht eine müß'ge Neugier führt mich her,   [ten[1],
    Mich drücken schwere Sorgen – Drangsal hab ich
    Zu Haus verlassen, Drangsal find ich hier.
    Denn ganz unleidlich ist's, was wir erdulden,
535   Und dieses Dranges ist kein Ziel zu sehn.
    Frei war der Schweizer von uralters her,
    Wir sind's gewohnt, dass man uns gut begegnet,
    Ein solches war im Lande nie erlebt,
    Solang ein Hirte trieb auf diesen Bergen.
540 WALTER FÜRST. Ja, es ist ohne Beispiel, wie sie's treiben!
    Auch unser edler Herr von Attinghausen,
    Der noch die alten Zeiten hat gesehn,
    Meint selber, es sei nicht mehr zu ertragen.
    STAUFFACHER. Auch drüben unterm Wald geht Schweres vor,
545   Und blutig wird's gebüßt – Der Wolfenschießen,
    Des Kaisers Vogt, der auf dem Roßberg hauste,
    Gelüsten trug er nach verbotner Frucht,
    Baumgartens Weib, der haushält zu Alzellen,
    Wollt er zu frecher Ungebühr missbrauchen,
550   Und mit der Axt hat ihn der Mann erschlagen.
    WALTER FÜRST. O die Gerichte Gottes sind gerecht!
    – Baumgarten, sagt Ihr? Ein bescheidner[2] Mann!
    Er ist gerettet doch und wohl geborgen?
    STAUFFACHER. Euer Eidam[3] hat ihn übern See geflüchtet,
555   Bei mir zu Steinen halt ich ihn verborgen –
    – Noch Greulicher's hat mir derselbe Mann

---

[1] aufhalten
[2] einsichtiger
[3] Schwiegersohn (hier: Tell)

Berichtet, was zu Sarnen ist geschehn.
Das Herz muss jedem Biedermanne bluten.
WALTER FÜRST *(aufmerksam)*. Sagt an, was ist's?
STAUFFACHER.   Im Melchthal, da, wo man
560 Eintritt bei Kerns, wohnt ein gerechter Mann,
Sie nennen ihn den Heinrich von der Halden,
Und seine Stimm gilt was in der Gemeinde.
WALTER FÜRST.
Wer kennt ihn nicht! Was ist's mit ihm! Vollendet!
STAUFFACHER. Der Landenberger büßte[1] seinen Sohn
565 Um kleinen Fehlers willen, ließ die Ochsen,
Das beste Paar, ihm aus dem Pfluge spannen,
Da schlug der Knab den Knecht und wurde flüchtig.
WALTER FÜRST *(in höchster Spannung)*.
Der Vater aber – sagt, wie steht's um den?
STAUFFACHER. Den Vater lässt der Landenberger fordern.
570 Zur Stelle schaffen soll er ihm den Sohn,
Und da der alte Mann mit Wahrheit schwört,
Er habe von dem Flüchtling keine Kunde,
Da lässt der Vogt die Folterknechte kommen –
WALTER FÜRST *(springt auf und will ihn auf die andre Seite führen)*. O still, nichts mehr!
STAUFFACHER *(mit steigendem Ton)*.
                    „Ist mir der Sohn entgangen,
575 so hab ich dich!" – Lässt ihn zu Boden werfen,
Den spitz'gen Stahl ihm in die Augen bohren –
WALTER FÜRST. Barmherz'ger Himmel!
MELCHTHAL *(stürzt heraus)*.   In die Augen, sagt Ihr?
STAUFFACHER *(erstaunt zu Walter Fürst)*.
Wer ist der Jüngling?
MELCHTHAL *(fasst ihn mit krampfhafter Heftigkeit)*.
                    In die Augen? Redet!
WALTER FÜRST. O der Bejammernswürdige!
STAUFFACHER.   Wer ist's?
(Da Walter Fürst ihm ein Zeichen gibt)
580 Der Sohn ist's? Allgerechter Gott!
MELCHTHAL.   Und ich
Muss ferne sein! – In seine beiden Augen?

---

[1] strafte

WALTER FÜRST. Bezwinget Euch, ertragt es wie ein Mann!
MELCHTHAL. Um meiner Schuld, um meines Frevels willen!
    – Blind also! Wirklich blind und ganz geblendet?
585 STAUFFACHER. Ich sagt's. Der Quell des Sehns ist ausgeflossen,
    Das Licht der Sonne schaut er niemals wieder.
WALTER FÜRST. Schont seines Schmerzens!
MELCHTHAL.   Niemals! Niemals wieder!
    (*Er drückt die Hand vor die Augen und schweigt einige Momente, dann wendet er sich von dem einen zu dem andern und spricht mit sanfter, von Tränen erstickter Stimme*)
    O, eine edle Himmelsgabe ist
    Das Licht des Auges – Alle Wesen leben
590 Vom Lichte, jedes glückliche Geschöpf –
    Die Pflanze selbst kehrt freudig sich zum Lichte.
    Und er muss sitzen, fühlend, in der Nacht,
    Im ewig Finstern – ihn erquickt nicht mehr
    Der Matten warmes Grün, der Blumen Schmelz,
595 Die roten Firnen kann er nicht mehr schauen –
    ⌈Sterben ist nichts – doch leben und nicht sehen,
    Das ist ein Unglück – Warum seht Ihr mich
    So jammernd an? Ich hab zwei frische Augen,
    Und kann dem blinden Vater keines geben,
600 Nicht einen Schimmer von dem Meer des Lichts,
    Das glanzvoll, blendend, mir ins Auge dringt.
STAUFFACHER. Ach, ich muss Euren Jammer noch vergrößern,
    Statt ihn zu heilen – Er bedarf noch mehr!
    Denn alles hat der Landvogt ihm geraubt,
605 Nichts hat er ihm gelassen als den Stab,
    Um nackt und blind von Tür zu Tür zu wandern.
MELCHTHAL. Nichts als den Stab dem augenlosen Greis!
    Alles geraubt, und auch das Licht der Sonne,
    Des Ärmsten allgemeines Gut – Jetzt rede
610 Mir keiner mehr von Bleiben, von Verbergen!
    Was für ein feiger Elender bin ich,
    Dass ich auf meine Sicherheit gedacht,
    Und nicht auf deine – dein geliebtes Haupt
    Als Pfand gelassen in des Wütrichs Händen!
615 Feigherz'ge Vorsicht, fahre hin – Auf nichts
    Als blutige Vergeltung will ich denken –

Hinüber will ich – Keiner soll mich halten –
Des Vaters Auge von dem Landvogt fordern –
Aus allen seinen Reisigen heraus
620 Will ich ihn finden – Nichts liegt mir am Leben,
Wenn ich den heißen, ungeheuren Schmerz
In seinem Lebensblute kühle. *(Er will gehen)*
WALTER FÜRST.   Bleibt!
Was könnt Ihr gegen ihn? Er sitzt zu Sarnen
Auf seiner hohen Herrenburg und spottet
625 Ohnmächt'gen Zorns in seiner sichern Feste.
MELCHTHAL. Und wohnt' er droben auf dem Eispalast
Des Schreckhorns oder höher, wo die Jungfrau[1]
Seit Ewigkeit verschleiert sitzt – Ich mache
Mir Bahn zu ihm, mit zwanzig Jünglingen,
630 Gesinnt wie ich, zerbrech ich seine Feste.
Und wenn mir niemand folgt, und wenn ihr alle
Für eure Hütten bang und eure Herden,
Euch dem Tyrannenjoche beugt – die Hirten
Will ich zusammenrufen im Gebirg,
635 Dort unterm freien Himmelsdache, wo
Der Sinn noch frisch ist und das Herz gesund,
Das ungeheuer Grässliche erzählen.
STAUFFACHER *(zu Walter Fürst)*.
Es ist auf seinem Gipfel – Wollen wir
Erwarten, bis das Äußerste –
MELCHTHAL.   Welch Äußerstes
640 Ist noch zu fürchten, wenn der Stern des Auges
In seiner Höhle nicht mehr sicher ist?
– Sind wir denn wehrlos? Wozu lernten wir
Die Armbrust spannen und die schwere Wucht
Der Streitaxt schwingen? Jedem Wesen ward
645 Ein Notgewehr in der Verzweiflungsangst,
Es stellt sich der erschöpfte Hirsch und zeigt
Der Meute sein gefürchtetes Geweih,
Die Gemse reißt den Jäger in den Abgrund –
Der Pflugstier selbst, der sanfte Hausgenoss
650 Des Menschen, der die ungeheure Kraft
Des Halses duldsam unters Joch gebogen,

---

[1] Schreckhorn und Jungfrau: Berge der Berner Alpen

Springt auf, gereizt, wetzt sein gewaltig Horn
Und schleudert seinen Feind den Wolken zu.
WALTER FÜRST. Wenn die drei Lande dächten wie wir drei,
655 so möchten wir vielleicht etwas vermögen.
STAUFFACHER. Wenn Uri ruft, wenn Unterwalden hilft,
Der Schwyzer wird die alten Bünde ehren.
MELCHTHAL. Groß ist in Unterwalden meine Freundschaft[1],
Und jeder wagt mit Freuden Leib und Blut,
660 Wenn er am andern einen Rücken[2] hat
Und Schirm – O fromme Väter dieses Landes!
Ich stehe nur ein Jüngling zwischen euch,
Den viel Erfahrnen – meine Stimme muss
Bescheiden schweigen in der Landsgemeinde.
665 Nicht weil ich jung bin und nicht viel erlebte,
Verachtet meinen Rat und meine Rede,
Nicht lüstern jugendliches Blut, mich treibt
Des höchsten Jammers schmerzliche Gewalt,
Was auch den Stein des Felsens muss erbarmen.
670 Ihr selbst seid Väter, Häupter eines Hauses,
Und wünscht euch einen tugendhaften Sohn,
Der eures Hauptes heil'ge Locken ehre,
Und euch den Stern des Auges fromm bewache.
O weil ihr selbst an eurem Leib und Gut
675 Noch nichts erlitten, eure Augen sich
Noch frisch und hell in ihren Kreisen regen,
So sei euch darum unsre Not nicht fremd.
Auch über euch hängt das Tyrannenschwert,
Ihr habt das Land von Östreich abgewendet,
680 Kein anderes war meines Vaters Unrecht,
Ihr seid in gleicher Mitschuld und Verdammnis.
STAUFFACHER (zu Walter Fürst).
Beschließt Ihr! Ich bin bereit zu folgen.
WALTER FÜRST. Wir wollen hören, was die edeln Herrn
Von Sillinen, von Attinghausen raten –
685 Ihr Name, denk ich, wird uns Freunde werben.
MELCHTHAL. Wo ist ein Name in dem Waldgebirg
Ehrwürdiger als Eurer und der Eure?
An solcher Name echte Währung glaubt

---

[1] der Kreis meiner Freunde
[2] Rückhalt, Beistand

Das Volk, sie haben guten Klang im Lande.
690 Ihr habt ein reiches Erb von Vätertugend
Und habt es selber reich vermehrt – Was braucht's
Des Edelmanns? Lasst's uns allein vollenden.
Wären wir doch allein im Land! Ich meine,
Wir wollten uns schon selbst zu schirmen wissen.
695 STAUFFACHER. Die Edeln drängt nicht gleiche Not mit uns,
Der Strom, der in den Niederungen wütet,
Bis jetzt hat er die Höhn noch nicht erreicht –
Doch ihre Hilfe wird uns nicht entstehn[1],
Wenn sie das Land in Waffen erst erblicken.
700 WALTER FÜRST. Wäre ein Obmann[2] zwischen uns und Östreich,
So möchte Recht entscheiden und Gesetz,
Doch der uns unterdrückt, ist unser Kaiser
Und höchster Richter – so muss Gott uns helfen
Durch unsern Arm – Erforschet Ihr die Männer
705 Von Schwyz, ich will in Uri Freunde werben.
Wen aber senden wir nach Unterwalden –
MELCHTHAL. Mich sendet hin – wem läg es näher an –
WALTER FÜRST. Ich geb's nicht zu, Ihr seid mein Gast, ich muss
Für Eure Sicherheit gewähren!
MELCHTHAL.   Lasst mich!
710 Die Schliche[3] kenn ich und die Felsensteige,
Auch Freunde find ich gnug, die mich dem Feind
Verhelen und ein Obdach gern gewähren.
STAUFFACHER. Lasst ihn mit Gott hinübergehn. Dort drüben
Ist kein Verräter – so verabscheut ist
715 Die Tyrannei, dass sie kein Werkzeug findet.
Auch der Alzeller soll uns nid dem Wald[4]
Genossen werben und das Land erregen.
MELCHTHAL. Wie bringen wir uns sichre Kunde zu,
Dass wir den Argwohn der Tyrannen täuschen?
720 STAUFFACHER. Wir könnten uns zu Brunnen oder Treib
Versammeln, wo die Kaufmannsschiffe landen.

---

[1] fehlen
[2] Schiedsrichter
[3] Schleichwege
[4] Teil von Unterwalden

WALTER FÜRST. So offen dürfen wir das Werk nicht treiben.
– Hört meine Meinung. Links am See, wenn man
Nach Brunnen fährt, dem Mythenstein grad über,
725 Liegt eine Matte heimlich im Gehölz,
Das Rütli heißt sie bei dem Volk der Hirten,
Weil dort die Waldung ausgereutet[1] ward.
Dort ist's, wo unsre Landmark und die Eure *(zu Melchthal)*
Zusammengrenzen, und in kurzer Fahrt *(zu Stauffacher)*
730 Trägt Euch der leichte Kahn von Schwyz herüber.
Auf öden Pfaden können wir dahin
Bei Nachtzeit wandern und uns still beraten.
Dahin mag jeder zehn vertraute Männer
Mitbringen, die herzeinig sind mit uns,
735 So können wir gemeinsam das Gemeine
Besprechen und mit Gott es frisch beschließen.
STAUFFACHER. So sei's. Jetzt reicht mir Eure biedre[2] Rechte,
Reicht Ihr die Eure her, und so, wie wir
Drei Männer jetzo[3], unter uns, die Hände
740 Zusammenflechten, redlich, ohne Falsch,
So wollen wir drei Länder auch, zu Schutz
Und Trutz, zusammenstehn auf Tod und Leben.
WALTER FÜRST UND MELCHTHAL.
Auf Tod und Leben! *(Sie halten die Hände noch einige
Pausen lang zusammengeflochten und schweigen)*
MELCHTHAL.   Blinder, alter Vater!
Du kannst den Tag der Freiheit nicht mehr schauen,
745 Du sollst ihn hören – Wenn von Alp zu Alp
Die Feuerzeichen flammend sich erheben,
Die festen Schlösser der Tyrannen fallen,
In deine Hütte soll der Schweizer wallen,
Zu deinem Ohr die Freudenkunde tragen,
750 Und hell in deiner Nacht soll es dir tagen.
(Sie gehen auseinander)

---

[1] gerodet
[2] vertrauenswürdige
[3] jetzt

Zweiter Aufzug

Erste Szene

Edelhof des Freiherrn von Attinghausen

Ein gotischer Saal mit Wappenschildern und Helmen verziert. Der Freiherr, ein Greis von fünfundachtzig Jahren, von hoher edler Statur, an einem Stabe, worauf ein Gemsenhorn, und in ein Pelzwams gekleidet. Kuoni und noch sechs Knechte stehen um ihn her mit Rechen und Sensen. − Ulrich von Rudenz tritt ein in Ritterkleidung.

RUDENZ. Hier bin ich, Oheim[1] − Was ist Euer Wille?
ATTINGHAUSEN. Erlaubt, dass ich nach altem Hausgebrauch
    Den Frühtrunk erst mit meinen Knechten teile.
    (Er trinkt aus einem Becher, der dann in der Reihe herumgeht)
    Sonst war ich selber mit in Feld und Wald,
755   Mit meinem Auge ihren Fleiß regierend,
    Wie sie mein Banner führte in der Schlacht,
    Jetzt kann ich nichts mehr als den Schaffner[2] machen,
    Und kommt die warme Sonne nicht zu mir,
    Ich kann sie nicht mehr suchen auf den Bergen.
760   Und so in enger stets und engerm Kreis,
    Beweg ich mich dem engesten und letzten,
    Wo alles Leben stillsteht, langsam zu,
    Mein Schatten bin ich nur, bald nur mein Name.
KUONI *(zu Rudenz mit dem Becher).*
    Ich bring's Euch, Junker[3].
    (Da Rudenz zaudert, den Becher zu nehmen)
                    Trinket frisch! Es geht
765   Aus e i n e m Becher und aus e i n e m Herzen.
ATTINGHAUSEN. Geht, Kinder, und wenn's Feierabend ist,
    Dann reden wir auch von des Lands Geschäften.
    (Knechte gehen ab)

---

[1] Onkel
[2] Verwalter
[3] adeliger Gutsbesitzer

(Attinghausen und Rudenz)

ATTINGHAUSEN. Ich sehe dich gegürtet und gerüstet,
Du willst nach Altorf in die Herrenburg?
770 RUDENZ. Ja, Oheim, und ich darf nicht länger säumen –
ATTINGHAUSEN *(setzt sich)*.
Hast du's so eilig? Wie? Ist deiner Jugend
Die Zeit so karg gemessen, dass du sie
An deinem alten Oheim musst ersparen?
RUDENZ. Ich sehe, dass Ihr meiner nicht bedürft,
775 Ich bin ein Fremdling nur in diesem Hause.
ATTINGHAUSEN *(hat ihn lange mit den Augen gemustert)*.
Ja, leider bist du's. Leider ist die Heimat
Zur Fremde dir geworden! – Uly! Uly!
Ich kenne dich nicht mehr. In Seide prangst du,
Die Pfauenfeder[1] trägst du stolz zur Schau,
780 Und schlägst den Purpurmantel[2] um die Schultern,
Den Landmann blickst du mit Verachtung an,
Und schämst dich seiner traulichen Begrüßung.
RUDENZ. Die Ehr, die ihm gebührt, geb ich ihm gern,
Das Recht, das er sich nimmt, verweigr' ich ihm.
785 ATTINGHAUSEN. Das ganze Land liegt unterm schweren Zorn
Des Königs – Jedes Biermannes Herz
Ist kummervoll ob der tyrannischen Gewalt,
Die wir erdulden – Dich allein rührt nicht
Der allgemeine Schmerz – Dich siehet man
790 Abtrünnig von Deinen auf der Seite
Des Landesfeindes stehen, unsrer Not
Hohnsprechend nach der leichten Freude jagen,
Und buhlen[3] um die Fürstengunst, indes
Dein Vaterland von schwerer Geißel blutet.
RUDENZ.
795 Das Land ist schwer bedrängt – Warum, mein Oheim?
Wer ist's, der es gestürzt in diese Not?
Es kostete ein einzig leichtes Wort,
Um augenblicks des Dranges los zu sein,

---

[1] Helmzeichen der Herzöge von Österreich
[2] Standeszeichen der Herzöge von Österreich
[3] werben

Und einen gnäd'gen Kaiser zu gewinnen.
800 Weh ihnen, die dem Volk die Augen halten,
Dass es dem wahren Besten widerstrebt.
Um eignen Vorteils willen hindern sie,
Dass die Waldstätte nicht zu Östreich schwören,
Wie ringsum alle Lande doch getan.
805 Wohl tut es ihnen, auf der Herrenbank
Zu sitzen mit dem Edelmann – den K a i s e r
Will man zum Herrn, um k e i n e n Herrn zu haben.

ATTINGHAUSEN. Muss ich das hören und aus deinem Munde!

RUDENZ. Ihr habt mich aufgefordert, lasst mich enden.
810 – Welche Person ist's, Oheim, die Ihr selbst
Hier spielt? habt Ihr nicht höhern Stolz, als hier
Landammann[1] oder Bannerherr zu sein
Und neben diesen Hirten zu regieren?
Wie? Ist's nicht eine rühmlichere Wahl,
815 Zu huldigen dem königlichen Herrn,
Sich an sein glänzend Lager anzuschließen,
Als Eurer eignen Knechte Pair[2] zu sein,
Und zu Gericht zu sitzen mit dem Bauer?

ATTINGHAUSEN. Ach Uly! Uly! Ich erkenne sie,
820 Die Stimme der Verführung! Sie ergriff
Dein offnes Ohr, sie hat dein Herz vergiftet.

RUDENZ. Ja, ich verberg es nicht – in tiefer Seele
Schmerzt mich der Spott der Fremdlinge, die uns
den B a u r e n a d e l schelten – Nicht ertrag ich's,
825 Indes die edle Jugend rings umher
Sich Ehre sammelt unter Habsburgs Fahnen,
Auf meinem Erb hier müßig stillzuliegen,
Und bei gemeinem Tagewerk den Lenz
Des Lebens zu verlieren – Anderswo
830 Geschehen Taten, eine Welt des Ruhms
Bewegt sich glänzend jenseits dieser Berge –
M i r rosten in der Halle Helm und Schild,
Der Kriegstrommete[3] mutiges Getön,

---

[1] höchster Beamter eines Kantons
[2] Gleichgestellter
[3] Kriegstrompete

Der Heroldsruf, der zum Turniere ladet,
835 Er dringt in diese Täler nicht herein,
Nichts als den Kuhreihn und der Herdeglocken
Einförmiges Geläut vernehm ich hier.
ATTINGHAUSEN. Verblendeter, vom eiteln Glanz verführt!
Verachte dein Geburtsland! Schäme dich
840 Der uralt frommen Sitte deiner Väter!
Mit heißen Tränen wirst du dich dereinst
Heimsehnen nach den väterlichen Bergen,
Und dieses Herdenreihens Melodie,
Die du in stolzem Überdruss verschmähst,
845 Mit Schmerzenssehnsucht wird sie dich ergreifen,
Wenn sie dir anklingt auf der fremden Erde.
O, mächtig ist der Trieb des Vaterlands!
Die fremde falsche Welt ist nicht für dich,
Dort an dem stolzen Kaiserhof bleibst du
850 Dir ewig fremd mit deinem treuen Herzen!
Die Welt, sie fordert andre Tugenden,
Als du in diesen Tälern dir erworben.
– Geh hin, verkaufe deine freie Seele,
Nimm Land zu Lehen, werd ein Fürstenknecht,
855 Da du ein Selbstherr sein kannst und ein Fürst
Auf deinem eignen Erb und freien Boden.
Ach Uly! Uly! Bleibe bei den Deinen!
Geh nicht nach Altorf – O, verlass sie nicht,
Die heil'ge Sache deines Vaterlands!
860 – Ich bin der Letzte meines Stamms. Mein Name
Endet mit mir. Da hängen Helm und Schild,
Die werden sie mir in das Grab mitgeben.
Und muss ich denken bei dem letzten Hauch,
Dass du mein brechend Auge nur erwartest,
865 Um hinzugehn vor diesen neuen Lehenhof,
Und meine edeln Güter, die ich frei
Von Gott empfing, von Östreich zu empfangen!
RUDENZ. Vergebens widerstreben wir dem König,
Die Welt gehört ihm, wollen wir allein
870 Uns eigensinnig steifen und verstocken,
Die Länderkette ihm zu unterbrechen,
Die er gewaltig rings um uns gezogen?
Sein sind die Märkte, die Gerichte, sein

Die Kaufmannsstraßen, und das Saumross[1] selbst,
875 Das auf dem Gotthard ziehet, muss ihm zollen.
Von seinen Ländern wie mit einem Netz
Sind wir umgarnet rings und eingeschlossen.
– Wird uns das Reich beschützen? Kann es selbst
Sich schützen gegen Östreichs wachsende Gewalt?
880 Hilft Gott uns nicht, kein Kaiser kann uns helfen.
Was ist zu geben auf der Kaiser Wort,
Wenn sie in Geld- und Kriegesnot die Städte,
Die untern Schirm des Adlers sich geflüchtet,
Verpfänden dürfen und dem Reich veräußern?
885 – Nein, Oheim! Wohltat ist's und weise Vorsicht,
In diesen schweren Zeiten der Parteiung
Sich anzuschließen an ein mächtig Haupt.
Die Kaiserkrone geht von Stamm zu Stamm,
Die hat für treue Dienste kein Gedächtnis,
890 Doch um den mächt'gen Erbherrn wohl verdienen,
Heißt Saaten in die Zukunft streun.
ATTINGHAUSEN.   Bist du so weise?
Willst heller sehn als deine edeln Väter,
Die um der Freiheit kostbarn Edelstein
Mit Gut und Blut und Heldenkraft gestritten?
895 – Schiff nach Luzern hinunter, frage dort,
Wie Östreichs Herrschaft lastet auf den Ländern!
Sie werden kommen, unsre Schaf und Rinder
Zu zählen, unsre Alpen abzumessen,
Den Hochflug[2] und das Hochgewilde[3] bannen
900 In unsern freien Wäldern, ihren Schlagbaum
An unsre Brücken, unsre Tore setzen,
Mit unsrer Armut ihre Länderkäufe,
Mit unserm Blute ihre Kriege zahlen –
– Nein, wenn wir unser Blut dransetzen sollen,
905 So sei's für uns – wohlfeiler kaufen wir
Die Freiheit als die Knechtschaft ein!
RUDENZ.   Was können wir,
Ein Volk der Hirten, gegen Albrechts Heere!

---

[1] Lastpferd
[2] Vögel
[3] Gemsen, Hirsche, Wildschweine usw.

ATTINGHAUSEN. Lern dieses Volk der Hirten kennen, Knabe!
Ich kenn's, ich hab es angeführt in Schlachten,
910 Ich hab es fechten sehen bei Favenz[1].
Sie sollen kommen, uns ein Joch aufzwingen,
Das wir entschlossen sind, nicht zu ertragen!
– O lerne fühlen, welches Stamms du bist!
Wirf nicht für eiteln Glanz und Flitterschein
915 Die echte Perle deines Wertes hin –
Das Haupt zu heißen eines freien Volks,
Das dir aus Liebe nur sich herzlich weiht,
Das treulich zu dir steht in Kampf und Tod –
Das sei dein Stolz, des Adels rühme dich –
920 Die angebornen Bande knüpfe fest,
Ans Vaterland, ans teure, schließ dich an,
Das halte fest mit deinem ganzen Herzen.
Hier sind die starken Wurzeln deiner Kraft.
Dort in der fremden Welt stehst du allein,
925 Ein schwankes Rohr, das jeder Sturm zerknickt.
O komm, du hast uns lang nicht mehr gesehn,
Versuch's mit uns nur einen Tag – nur heute
Geh nicht nach Altorf – Hörst du? Heute nicht,
Den einen Tag nur schenke dich den Deinen!
(Er fasst seine Hand)
930 RUDENZ. Ich gab mein Wort – Lasst mich – Ich bin gebunden.
ATTINGHAUSEN *(lässt seine Hand los, mit Ernst).*
Du bist gebunden – Ja, Unglücklicher!
Du bist's, doch nicht durch Wort und Schwur,
Gebunden bist du durch der Liebe Seile!
(Rudenz wendet sich weg)
– Verbirg dich, wie du willst. Das Fräulein ist's,
935 Berta von Bruneck, die zur Herrenburg
Dich zieht, dich fesselt an des Kaisers Dienst.
Das Ritterfräulein willst du dir erwerben
Mit deinem Abfall von dem Land – Betrüg dich nicht!
Dich anzulocken zeigt man dir die Braut,
940 Doch deiner Unschuld ist sie nicht beschieden.

---

[1] heute: Faenza bei Ravenna. 600 Schweizer halfen Friedrich II. 1241
bei der Eroberung der Stadt.

RUDENZ. Genug hab ich gehört. Gehabt Euch wohl.
    (Er geht ab)
ATTINGHAUSEN.
    Wahnsinniger Jüngling, bleib! – Er geht dahin!
    Ich kann ihn nicht erhalten, nicht erretten –
    So ist der Wolfenschießen abgefallen
945 Von seinem Land – so werden andre folgen,
    Der fremde Zauber reißt die Jugend fort,
    Gewaltsam strebend über unsre Berge.
    – O unglücksel'ge Stunde, da das Fremde
    In diese still beglückten Täler kam,
950 Der Sitten fromme Unschuld zu zerstören!
    Das Neue dringt herein mit Macht, das Alte,
    Das Würd'ge scheidet, andre Zeiten kommen,
    Es lebt ein anders denkendes Geschlecht!
    Was tu ich hier? Sie sind begraben alle,
955 Mit denen ich gewaltet und gelebt.
    Unter der Erde schon liegt meine Zeit;
    Wohl dem, der mit der neuen nicht mehr braucht zu leben!
    (Geht ab)

Zweite Szene

Eine Wiese von hohen Felsen und Wald umgeben

Auf den Felsen sind Steige mit Geländern, auch Leitern, von denen man nachher die Landleute herabsteigen sieht. Im Hintergrunde zeigt sich der See, über welchem anfangs ein Mondregenbogen zu sehen ist. Den Prospekt schließen hohe Berge, hinter welchen noch höhere Eisgebirge ragen. Es ist völlig Nacht auf der Szene, nur der See und die weißen Gletscher leuchten im Mondlicht. Melchthal, Baumgarten, Winkelried, Meier von Sarnen, Burkhardt am Bühel, Arnold von Sewa, Klaus von der Flüe und noch vier andere Landleute, alle bewaffnet

MELCHTHAL *(noch hinter der Szene)*.
    Der Bergweg öffnet sich, nur frisch mir nach,
    Den Fels erkenn ich und das Kreuzlein drauf,
960 Wir sind am Ziel, hier ist das Rütli.
    (Treten auf mit Windlichtern)

WINKELRIED.   Horch!

SEWA. Ganz leer.

MEIER.   's ist noch kein Landmann da. Wir sind
  Die ersten auf dem Platz, wir Unterwaldner.

MELCHTHAL. Wie weit ist's in der Nacht?

BAUMGARTEN.   Der Feuerwächter
965 Vom Selisberg hat eben zwei gerufen.
  (Man hört in der Ferne läuten)

MEIER. Still! Horch!

AM BÜHEL.   Das Mettenglöcklein[1] in der Waldkapelle
  Klingt hell herüber aus dem Schwyzerland.

VON DER FLÜE. Die Luft ist rein und trägt den Schall so weit.

MELCHTHAL. Gehn einige und zünden Reisholz an,
970 Dass es loh[2] brenne, wenn die Männer kommen.
  (Zwei Landleute gehen)

SEWA. 's ist eine schöne Mondennacht. Der See
  Liegt ruhig da als wie ein ebner Spiegel.

AM BÜHEL. Sie haben eine leichte Fahrt.

WINKELRIED *(zeigt nach dem See)*.   Ha, seht!
  Seht dorthin! Seht ihr nichts?

MEIER.   Was denn? – Ja, wahrlich!
975 Ein Regenbogen mitten in der Nacht!

MELCHTHAL. Es ist das Licht des Mondes, das ihn bildet.

VON DER FLÜE. Das ist ein seltsam wunderbares Zeichen!
  Es leben viele, die das nicht gesehn.

SEWA. Er ist doppelt, seht, ein blässerer steht drüber.

980 BAUMGARTEN. Ein Nachen fährt soeben drunter weg.

MELCHTHAL. Das ist der Stauffacher mit seinem Kahn,
  Der Biedermann lässt sich nicht lang erwarten.
  (Geht mit Baumgarten nach dem Ufer)

MEIER. Die Urner sind es, die am längsten säumen.

AM BÜHEL. Sie müssen weit umgehen durchs Gebirg,
985 Dass sie des Landvogts Kundschaft[3] hintergehen.
  *(Unterdessen haben die zwei Landleute in der Mitte des Plat-
  zes ein Feuer angezündet)*

MELCHTHAL *(am Ufer)*.
  Wer ist da? Gebt das Wort!

---

[1] Glocke zur Frühmesse
[2] hell
[3] Späher

STAUFFACHER *(von unten).*   Freunde des Landes.
  (Alle gehen nach der Tiefe, den Kommenden entgegen.
  Aus dem Kahn steigen Stauffacher, Itel Reding, Hans
  auf der Mauer, Jörg im Hofe, Konrad Hunn, Ulrich der
  Schmied, Jost von Weiler und noch drei andere Land-
  leute, gleichfalls bewaffnet)
ALLE *(rufen).* Willkommen!
  (Indem die übrigen in der Tiefe verweilen und sich begrüßen,
  kommt Melchthal mit Stauffacher vorwärts)
MELCHTHAL.   O Herr Stauffacher! Ich habe ihn
  Gesehn, der mich nicht wiedersehen konnte!
  Die Hand hab ich gelegt auf seine Augen,
990 Und glühend Rachgefühl hab ich gesogen
  Aus der erloschnen Sonne seines Blicks.
STAUFFACHER. Sprecht nicht von Rache. Nicht Geschehnes
  Gedrohtem Übel wollen wir begegnen.   [rächen,
  – Jetzt sagt, was Ihr im Unterwaldner Land
995 Geschafft und für gemeine Sach geworben,
  Wie die Landleute denken, wie Ihr selbst
  Den Stricken des Verrats entgangen seid.
MELCHTHAL. Durch der Surennen furchtbares Gebirg,
  Auf weit verbreitet öden Eisesfeldern,
1000 Wo nur der heisre Lämmergeier krächzt,
  Gelangt ich zu der Alpentrift, wo sich
  Aus Uri und vom Engelberg die Hirten
  Anrufend grüßen und gemeinsam weiden,
  Den Durst mir stillend mit der Gletscher Milch[1],
1005 Die in den Runsen[2] schäumend niederquillt.
  In den einsamen Sennhütten kehrt ich ein,
  Mein eigner Wirt und Gast, bis dass ich kam
  Zu Wohnungen gesellig lebender Menschen.
  – Erschollen war in diesen Tälern schon
1010 Der Ruf des neuen Greuels, der geschehn,
  Und fromme Ehrfurcht schaffte mir mein Unglück
  Vor jeder Pforte, wo ich wandernd klopfte.
  Entrüstet fand ich diese graden Seelen
  Ob dem gewaltsam neuen Regiment,

---

[1] weiß-bläuliches Schmelzwasser
[2] Rinne

1015 Denn so wie ihre Alpen fort und fort
Dieselben Kräuter nähren, ihre Brunnen
Gleichförmig fließen, Wolken selbst und Winde
Den gleichen Strich unwandelbar befolgen,
So hat die alte Sitte hier vom Ahn
1020 Zum Enkel unverändert fortbestanden,
Nicht tragen sie verwegne Neuerung
Im altgewohnten gleichen Gang des Lebens.
– Die harten Hände reichten sie mir dar,
Von den Wänden langten sie die rost'gen Schwerter,
1025 Und aus den Augen blitzte freudiges
Gefühl des Muts, als ich die Namen nannte,
Die im Gebirg dem Landmann heilig sind,
Den Eurigen und Walter Fürsts – Was euch
Recht würde dünken, schwuren sie zu tun,
1030 Euch schwuren sie bis in den Tod zu folgen.
– So eilt ich sicher unterm heil'gen Schirm
Des Gastrechts von Gehöfte zu Gehöfte –
Und als ich kam ins heimatliche Tal,
Wo mir die Vettern viel verbreitet wohnen –
1035 Als ich den Vater fand, beraubt und blind,
Auf fremdem Stroh, von der Barmherzigkeit
Mildtät'ger Menschen lebend –

STAUFFACHER.   Herr im Himmel!

MELCHTHAL. Da weint ich nicht! Nicht in ohnmächt'gen Tränen
Goss ich die Kraft des heißen Schmerzens aus,
1040 In tiefer Brust wie einen teuren Schatz
Verschloss ich ihn und dachte nur auf Taten.
Ich kroch durch alle Krümmen des Gebirgs,
Kein Tal war so versteckt, ich späht es aus,
Bis an der Gletscher eisbedeckten Fuß
1045 Erwartet ich und fand bewohnte Hütten,
Und überall, wohin mein Fuß mich trug,
Fand ich den gleichen Hass der Tyrannei,
Denn bis an diese letzte Grenze selbst
Belebter Schöpfung, wo der starre Boden
1050 Aufhört zu geben, raubt der Vögte Geiz –
Die Herzen alle dieses biedern Volks
Erregt ich mit dem Stachel meiner Worte,
Und unser sind sie all mit Herz und Mund.

STAUFFACHER. Großes habt Ihr in kurzer Frist geleistet.

1055 MELCHTHAL. Ich tat noch mehr. Die beiden Festen sind's,
　　　Roßberg und Sarnen, die der Landmann fürchtet,
　　　Denn hinter ihren Felsenwällen schirmt
　　　Der Feind sich leicht und schädiget das Land.
　　　Mit eignen Augen wollt ich es erkunden,
1060　Ich war zu Sarnen und besah die Burg.

STAUFFACHER. Ihr wagtet Euch bis in des Tigers Höhle?

MELCHTHAL. Ich war verkleidet dort in Pilgerstracht,
　　　Ich sah den Landvogt an der Tafel schwelgen –
　　　Urteilt, ob ich mein Herz bezwingen kann,
1065　Ich sah den Feind und ich erschlug ihn nicht.

STAUFFACHER. Fürwahr, das Glück war Eurer Kühnheit hold.
　　　(Unterdessen sind die andern Landleute vorwärtsge-
　　　kommen und nähern sich den beiden)
　　　Doch jetzo sagt mir, wer die Freunde sind
　　　Und die gerechten Männer, die Euch folgten?
　　　Macht mich bekannt mit ihnen, dass wir uns
1070　Zutraulich nahen und die Herzen öffnen.

MEIER. Wer kennte Euch nicht, Herr, in den drei Landen?
　　　Ich bin der Meir von Sarnen, dies hier ist
　　　Mein Schwestersohn, der Struth von Winkelried.

STAUFFACHER. Ihr nennt mir keinen unbekannten Namen.
1075　Ein Winkelried war's, der den Drachen schlug
　　　Im Sumpf bei Weiler und sein Leben ließ
　　　In diesem Strauß[1].

WINKELRIED.　　　　　Das war mein Ahn, Herr Werner.

MELCHTHAL *(zeigt auf zwei Landleute)*.
　　　Die wohnen hinterm Wald, sind Klosterleute
　　　Vom Engelberg – Ihr werdet sie drum nicht
1080　Verachten, weil sie eigne Leute sind,
　　　Und nicht wie wir frei sitzen auf dem Erbe –
　　　Sie lieben's Land, sind sonst auch wohl berufen.

STAUFFACHER *(zu den beiden)*.
　　　Gebt mir die Hand. Es preise sich, wer keinem
　　　Mit seinem Leibe pflichtig ist auf Erden,
1085　Doch Redlichkeit gedeiht in jedem Stande.

KONRAD HUNN. Das ist Herr Reding, unser Altlandammann.

---

[1]　Gefecht

MEIER. Ich kenn ihn wohl. Er ist mein Widerpart,
Der um ein altes Erbstück mit mir rechtet.
– Herr Reding, wir sind Feinde vor Gericht,
Hier sind wir einig. *(Schüttelt ihm die Hand)*
1090 STAUFFACHER.   Das ist brav gesprochen.
WINKELRIED. Hört Ihr? Sie kommen. Hört das Horn von Uri!
(Rechts und links sieht man bewaffnete Männer mit
Windlichtern die Felsen herabsteigen)
AUF DER MAUER. Seht! Steigt nicht selbst der fromme Diener
Der würd'ge Pfarrer mit herab? Nicht scheut er   [Gottes,
Des Weges Mühen und das Graun der Nacht,
1095 Ein treuer Hirte für das Volk zu sorgen.
BAUMGARTEN. Der Sigrist[1] folgt ihm und Herr Walter Fürst,
Doch nicht den Tell erblick ich in der Menge.
(Walter Fürst, Rösselmann der Pfarrer, Petermann der
Sigrist, Kuoni der Hirt, Werni der Jäger, Ruodi der Fi-
scher und noch fünf andere Landleute, alle zusammen,
dreiunddreißig an der Zahl, treten vorwärts und stellen
sich um das Feuer)
WALTER FÜRST. So müssen wir auf unserm eignen Erb
Und väterlichen Boden uns verstohlen
1100 Zusammenschleichen, wie die Mörder tun,
Und bei der Nacht, die ihren schwarzen Mantel
Nur dem Verbrechen und der sonnenscheuen
Verschwörung leihet, unser gutes Recht
Uns holen, das doch lauter ist und klar,
1105 Gleich wie der glanzvoll offene Schoß des Tages.
MELCHTHAL. Lasst's gut sein. Was die dunkle Nacht gesponnen,
Soll frei und fröhlich an das Licht der Sonnen.
RÖSSELMANN. Hört, was mir Gott ins Herz gibt, Eidgenossen!
Wir stehen hier statt einer Landsgemeinde
1110 Und können gelten für ein ganzes Volk,
So lasst uns tragen nach den alten Bräuchen
Des Lands, wie wir's in ruhigen Zeiten pflegen,
Was ungesetzlich ist in der Versammlung,
Entschuldige die Not der Zeit. Doch Gott
1115 Ist überall, wo man das Recht verwaltet,
Und unter seinem Himmel stehen wir.

---

[1] Küster

STAUFFACHER. Wohl, lasst uns tagen nach der alten Sitte,
    Ist es gleich Nacht, so leuchtet unser Recht.
MELCHTHAL. Ist gleich die Zahl nicht voll, das H e r z ist hier
1120   Des ganzen Volks, die B e s t e n sind zugegen.
KONRAD HUNN. Sind auch die alten Bücher nicht zur Hand,
    Sie sind in unsre Herzen eingeschrieben.
RÖSSELMANN. Wohlan, so sei der Ring sogleich gebildet.
    Man pflanze a u f die Schwerter der Gewalt.
1125 AUF DER MAUER. Der Landesammann nehme seinen Platz,
    Und seine Weibel[1] stehen ihm zur Seite!
SIGRIST. Es sind der Völker dreie. Welchem nun
    Gebührt's, das Haupt zu geben der Gemeinde?
MEIER. Um diese Ehr mag Schwyz mit Uri streiten,
1130   Wir Unterwaldner stehen frei zurück.
MELCHTHAL. Wir stehn zurück, wir sind die Flehenden,
    Die Hilfe heischen von den mächt'gen Freunden.
STAUFFACHER. So nehme Uri denn das Schwert, sein Banner
    Zieht bei den Römerzügen uns voran.
1135 WALTER FÜRST. Des Schwertes Ehre werde Schwyz zuteil,
    Denn seines Stammes rühmen wir uns alle.
RÖSSELMANN. Den edeln Wettstreit lasst mich freundlich
    Schwyz soll im Rat, Uri im Felde führen   [schlichten,
WALTER FÜRST (*reicht dem Stauffacher die Schwerter*).
    So nehmt!
STAUFFACHER.   Nicht mir, dem Alter sei die Ehre.
1140 IM HOFE. Die meisten Jahre zählt Ulrich der Schmied.
AUF DER MAUER. Der Mann ist wacker, doch nicht freien Stands,
    Kein eigner Mann kann Richter sein in Schwyz.
STAUFFACHER. Steht nicht Herr Reding hier, der Altlandam-
    Was suchen wir noch einen Würdigern?   [mann?
1145 WALTER FÜRST. Er sei der Ammann und des Tages Haupt!
    Wer dazu stimmt, erhebe seine Hände.
    (*Alle heben die rechte Hand auf*)
REDING (*tritt in die Mitte*).
    Ich kann die Hand nicht auf die Bücher legen,
    So schwör ich droben bei den ew'gen Sternen,
    Dass ich mich nimmer will vom Recht entfernen.

---

[1] Gerichtsdiener

*(Man richtet die zwei Schwerter vor ihm auf, der Ring
bildet sich um ihn her, Schwyz hält die Mitte, rechts
stellt sich Uri und links Unterwalden. Er steht auf sein
Schlachtschwert gestützt)*

1150 Was ist's, das die drei Völker des Gebirgs
Hier an des Sees unwirtlichem Gestade
Zusammenführte in der Geisterstunde?
Was soll der Inhalt sein des neuen Bunds,
Den wir hier unterm Sternenhimmel stiften?

STAUFFACHER *(tritt in den Ring).* ~~protestiert~~

1155 Wir stiften keinen neuen Bund, es ist ~~sondern~~
Ein uralt Bündnis nur von Väter Zeit,   ~~nichts neues!~~
Das wir erneuern! Wisset, Eidgenossen!   ~~wir sind~~
Ob uns der See, ob uns die Berge scheiden, ~~ein traditionsflk~~
Und jedes Volk sich für sich selbst regiert,

1160 So sind wir e i n e s Stammes doch und Bluts,
Und e i n e Heimat ist's, aus der wir zogen.

WINKELRIED. So ist es wahr, wie's in den Liedern lautet,
Dass wir von fernher in das Land gewallt?
O, teilt's uns mit, was Euch davon bekannt,

1165 Dass sich der neue Bund am alten stärke.

STAUFFACHER. Hört, was die alten Hirten sich erzählen.
– Es war ein großes Volk, hinten im Lande
Nach Mitternacht, das litt von schwerer Teurung.
In dieser Not beschloss die Landsgemeinde,

1170 Dass je der zehnte Bürger nach dem Los
Der Väter Land verlasse – das geschah!
Und zogen aus, wehklagend, Männer und Weiber,
Ein großer Heerzug, nach der Mittagsonne,
Mit dem Schwert sich schlagend durch das deutsche Land,

1175 Bis an das Hochland dieser Waldgebirge.
Und eher nicht ermüdete der Zug,
Bis dass sie kamen in das wilde Tal,
Wo jetzt die Muotta zwischen Wiesen rinnt –
Nicht Menschenspuren waren hier zu sehen,

1180 Nur eine Hütte stand am Ufer einsam,
Da saß ein Mann und wartete der Fähre –
Doch heftig wogte der See und war
Nicht fahrbar; da besahen sie das Land
Sich näher und gewahrten schöne Fülle

1185 Des Holzes und entdeckten gute Brunnen
Und meinten, sich im lieben Vaterland
Zu finden – Da beschlossen sie zu bleiben,
Erbaueten den alten Flecken S c h w y z,
Und hatten manchen sauren Tag, den Wald
1190 Mit weitverschlungnen Wurzeln auszuroden –
Drauf, als der Boden nicht mehr Gnügen tat
Der Zahl des Volks, da zogen sie hinüber
Zum schwarzen Berg, ja, bis ans Weißland hin,
Wo, hinter ew'gem Eiseswall[1] verborgen,
1195 Ein andres Volk in andern Zungen spricht.
Den Flecken S t a n z erbauten sie am Kernwald,
Den Flecken A l t o r f in dem Tal der Reuß –
Doch blieben sie des Ursprungs stets gedenk,
Aus all den fremden Stämmen, die seitdem
1200 In Mitte ihres Lands sich angesiedelt,
Finden die Schwyzer Männer sich heraus,
Es gibt das Herz, das Blut sich zu erkennen.
(Reicht rechts und links die Hand hin)
AUF DER MAUER. Ja, wir sind eines Herzens, eines Bluts!
ALLE *(sich die Hände reichend)*
1205 Wir sind ein Volk und einig wollen wir handeln.
STAUFFACHER. Die andern Völker tragen fremdes Joch,
Sie haben sich dem Sieger unterworfen.
Es leben selbst in unsern Landesmarken
Der Sassen[2] viel, die fremde Pflichten tragen,
Und ihre Knechtschaft erbt auf ihre Kinder.
1210 Doch w i r, der alten Schweizer echter Stamm,
Wir haben stets die Freiheit uns bewahrt.
Nicht unter Fürsten bogen wir das Knie,
Freiwillig wählten wir den Schirm der Kaiser.
RÖSSELMANN.
Frei wählten wir des Reiches Schutz und Schirm,
1215 So steht's bemerkt in Kaiser Friedrichs Brief.
STAUFFACHER. Denn herrenlos ist auch der Freiste nicht.
Ein Oberhaupt muss sein, ein höchster Richter,
Wo man das Recht mag schöpfen[3] in dem Streit.

---

[1] hier: Gletscher
[2] Dienstleute (vom Grundherrn abhängig)
[3] finden

Drum haben unsre Väter für den Boden,
1220 Den sie der alten Wildnis abgewonnen,
Die Ehr gegönnt dem Kaiser, der den Herrn
Sich nennt der deutschen und der welschen Erde,
Und wie die andern Freien seines Reichs
Sich ihm zu edelm Waffendienst gelobt,
1225 Denn dieses ist der Freien einz'ge Pflicht,
Das Reich zu schirmen, das sie selbst beschirmt.
MELCHTHAL. Was drüber ist, ist Merkmal eines Knechts.
STAUFFACHER. Sie folgten, wenn der Heribann[1] erging,
Dem Reichspanier[2] und schlugen seine Schlachten.
1230 Nach Welschland zogen sie gewappnet mit,
Die Römerkron ihm auf das Haupt zu setzen.
Daheim regierten sie sich fröhlich selbst
Nach altem Brauch und eigenem Gesetz,
Der höchste Blutbann[3] war allein des Kaisers.
1235 Und dazu ward bestellt ein großer Graf,
Der hatte seinen Sitz nicht in dem Lande,
Wenn Blutschuld kam, so rief man ihn herein,
Und unter offnem Himmel, schlicht und klar,
Sprach er das Recht und ohne Furcht der Menschen.
1240 Wo sind hier Spuren, dass wir Knechte sind?
Ist einer, der es anders weiß, der rede!
IM HOFE. Nein, so verhält sich alles, wie Ihr sprecht,
Gewaltherrschaft ward nie bei uns geduldet.
STAUFFACHER. Dem Kaiser selbst versagten wir Gehorsam,
1245 Da er das Recht zu Gunst der Pfaffen bog.
Denn als die Leute von dem Gotteshaus
Einsiedeln uns die Alp in Anspruch nahmen,
Die wir beweidet seit der Väter Zeit,
Der Abt herfürzog einen alten Brief,
1250 Der ihm die herrenlose Wüste schenkte –
Denn unser Dasein hatte man verhehlt –
Da sprachen wir: „Erschlichen ist der Brief,
Kein Kaiser kann, was unser ist, verschenken.
Und wird uns Recht versagt vom Reich, wir können

---

[1] Aufgebot der waffenfähigen Freien zum Krieg
[2] Kriegsfahne
[3] Gericht über Leben und Tod

1255 In unsern Bergen auch des Reichs entbehren." _to go without (the/a King)_
      – So sprachen unsre Väter! Sollen wir
      Des neuen Joches Schändlichkeit erdulden,
      Erleiden von dem fremden Knecht, was uns
      In seiner Macht kein Kaiser durfte bieten?
1260 – Wir haben diesen Boden uns e r s c h a f f e n
      Durch unsrer Hände Fleiß, den alten Wald,
      Der sonst der Bären wilde Wohnung war,
      Zu einem Sitz für Menschen umgewandelt,
      Die Brut des Drachen haben wir getötet,
1265 Der aus den Sümpfen giftgeschwollen stieg,
      Die Nebeldecke haben wir zerrissen,
      Die ewig grau um diese Wildnis hing,
      Den harten Fels gesprengt, über den Abgrund
      Dem Wandersmann den sichern Steg geleitet,
1270 Unser ist durch tausendjährigen Besitz
      Der Boden – und der fremde Herrenknecht
      Soll kommen dürfen und uns Ketten schmieden,
      Und Schmach antun auf unsrer eignen Erde?
      Ist keine Hilfe gegen solchen Drang?
      (Eine große Bewegung unter den Landleuten)
1275 Nein, eine Grenze hat Tyrannenmacht,
      Wenn der Gedrückte nirgends Recht kann finden,
      Wenn unerträglich wird die Last – greift er
      Hinauf getrosten Mutes in den Himmel
      Und holt herunter seine ew'gen Rechte,
1280 Die droben hangen unveräußerlich
      Und unzerbrechlich wie die Sterne selbst –
      Der alte Urstand[1] der Natur kehrt wieder,
      Wo Mensch dem Menschen gegenübersteht –
      Zum letzten Mittel, wenn kein andres mehr
1285 Verfangen will, ist ihm das Schwert gegeben –
      Der Güter höchstes dürfen wir verteid'gen
      Gegen Gewalt – Wir stehn vor unser Land,
      Wir stehn vor unsre Weiber, unsre Kinder!
ALLE *(an ihre Schwerter schlagend).*
      Wir stehn vor unsre Weiber, unsre Kinder!

---

[1] Urzustand, hier: ideale Frühzeit

RÖSSELMANN *(tritt in den Ring).*

1290 Eh ihr zum Schwerte greift, bedenkt es wohl.
Ihr könnt es friedlich mit dem Kaiser schlichten.
Es kostet euch ein Wort, und die Tyrannen,
Die euch jetzt schwer bedrängen, schmeicheln euch.
– Ergreift, was man euch oft geboten hat,
1295 Trennt euch vom Reich, erkennet Östreichs Hoheit –

AUF DER MAUER.
Was sagt der Pfarrer? Wir zu Östreich schwören!

AM BÜHEL. Hört ihn nicht an!

WINKELRIED.   Das rät uns ein Verräter,
Ein Feind des Landes!

REDING.   Ruhig, Eidgenossen!

SEWA. Wir Östreich huldigen, nach solcher Schmach!

1300 VON DER FLÜE. Wir uns abtrotzen lassen durch Gewalt,
Was wir der Güte weigerten!

MEIER.   Dann wären
Wir Sklaven und verdienten, es zu sein!

AUF DER MAUER.
Der sei gestoßen aus dem Recht der Schweizer,
Wer von Ergebung spricht an Österreich!
1305 – Landammann, ich bestehe drauf, dies sei
Das erste Landsgesetz, das wir hier geben.

MELCHTHAL.
So sei's. Wer von Ergebung spricht an Östreich,
Soll rechtlos sein und aller Ehren bar,
Kein Landmann nehm ihn auf an seinem Feuer.

ALLE *(heben die rechte Hand auf).*
Wir wollen es, das sei Gesetz!

1310 REDING *(nach einer Pause).*   Es ist's.

RÖSSELMANN. Jetzt seid ihr frei, ihr seid's durch dies Gesetz,
Nicht durch Gewalt soll Österreich ertrotzen,
Was es durch freundlich Werben nicht erhielt –

JOST VON WEILER. Zur Tagesordnung, weiter.

REDING.   Eidgenossen!
1315 Sind alle sanften Mittel auch versucht?
Vielleicht weiß es der König nicht, es ist
Wohl gar sein Wille nicht, was wir erdulden.
Auch dieses Letzte sollten wir versuchen,
Erst unsre Klage bringen vor sein Ohr,

1320 Eh wir zum Schwerte greifen. Schrecklich immer
Auch in gerechter Sache ist Gewalt,
Gott hilft nur dann, wenn Menschen nicht mehr helfen.
STAUFFACHER *(zu Konrad Hunn)*.
Nun ist's an Euch, Bericht zu geben. Redet.
KONRAD HUNN. Ich war zu Rheinfeld an des Kaisers Pfalz,
1325 Wider der Vögte harten Druck zu klagen,
Den Brief zu holen unsrer alten Freiheit,
Den jeder neue König sonst bestätigt.
Die Boten vieler Städte fand ich dort,
Vom schwäb'schen Lande und vom Lauf des Rheins,
1330 Die all erhielten ihre Pergamente,
Und kehrten freudig wieder in ihr Land.
Mich, euren Boten, wies man an die Räte,
Und die entließen mich mit leerem Trost:
„Der Kaiser habe diesmal keine Zeit,
1335 Er würde sonst einmal wohl an uns denken.“
– Und als ich traurig durch die Säle ging
Der Königsburg, da sah ich Herzog Hansen[1]
In einem Erker weinend stehn, um ihn
Die edeln Herrn von Wart und Tegerfeld.
1340 Die riefen mir und sagten: „Helft euch selbst,
Gerechtigkeit erwartet nicht vom König.
Beraubt er nicht des eignen Bruders Kind,
Und hinterhält ihm sein gerechtes Erbe?
Der Herzog fleht' ihn um sein mütterliches,
1345 Er habe seine Jahre voll, es wäre
Nun Zeit, auch Land und Leute zu regieren.
Was ward ihm zum Bescheid? Ein Kränzlein setzt' ihm
Der Kaiser auf: das sei die Zier der Jugend.“
AUF DER MAUER. Ihr habt's gehört. Recht und Gerechtigkeit
1350 Erwartet nicht vom Kaiser! Helft euch selbst!
REDING. Nichts andres bleibt uns übrig. Nun gebt Rat,
Wie wir es klug zum frohen Ende leiten.
WALTER FÜRST *(tritt in den Ring)*.
Abtreiben wollen wir verhassten Zwang,
Die alten Rechte, wie wir sie ererbt
1355 Von unsern Vätern, wollen wir bewahren,

---

[1] Johann von Schwaben, der spätere Parricida

Nicht ungezügelt nach dem Neuen greifen.
Dem Kaiser bleibe, was des Kaiser ist,
Wer einen Herrn hat, dien ihm pflichtgemäß.
MEIER. Ich trage Gut von Österreich zu Lehen.
1360 WALTER FÜRST. Ihr fahret fort, Östreich die Pflicht zu leisten.
JOST VON WEILER. Ich steure an die Herrn von Rappersweil.
WALTER FÜRST. Ihr fahret fort, zu zinsen und zu steuern.
RÖSSELMANN. Der großen Frau zu Zürch[1] bin ich vereidet.
WALTER FÜRST. Ihr gebt dem Kloster, was des Klosters ist.
1365 STAUFFACHER. Ich trage keine Lehen als des Reichs.
WALTER FÜRST. Was sein muss, das geschehe, doch nicht
Die Vögte wollen wir mit ihren Knechten   [drüber.
Verjagen und die festen Schlösser brechen,
Doch, wenn es sein mag, ohne Blut. Es sehe
1370 Der Kaiser, dass wir notgedrungen nur
Der Ehrfurcht fromme Pflichten abgeworfen.
Und sieht er uns in unsern Schranken bleiben,
Vielleicht besiegt er staatsklug seinen Zorn,
Denn bill'ge[2] Furcht erwecket sich ein Volk,
1375 Das mit dem Schwerte in der Faust sich mäßigt.
REDING. Doch lasset hören! Wie vollenden wir's?
Es hat der Feind die Waffen in der Hand,
Und nicht fürwahr in Frieden wird er weichen.
STAUFFACHER. Er wird's, wenn er in Waffen uns erblickt,
1380 Wir überraschen ihn, eh er sich rüstet.
MEIER. Ist bald gesprochen, aber schwer getan.
Uns ragen in dem Land zwei feste Schlösser,
Die geben Schirm dem Feind und werden furchtbar,
Wenn uns der König in das Land sollt fallen.
1385 Roßberg und Sarnen muss bezwungen sein,
Eh man ein Schwert erhebt in den drei Landen.
STAUFFACHER. Säumt man so lang, so wird der Feind gewarnt,
Zu viele sind's, die das Geheimnis teilen.
MEIER. In den Waldstätten findt sich kein Verräter.
1390 RÖSSELMANN. Der Eifer auch, der gute, kann verraten.
WALTER FÜRST. Schiebt man es auf, so wird der Twing voll-
In Altorf, und der Vogt befestigt sich.   [endet

---

[1] der mächtigen Äbtissin
[2] gerechte

MEIER. Ihr denkt an euch.

SIGRIST. Und ihr seid ungerecht.

MEIER *(auffahrend)*. Wir ungerecht! Das darf uns Uri bieten!

1395 REDING. Bei eurem Eide, Ruh!

MEIER. Ja, wenn sich Schwyz
    Versteht mit Uri, müssen w i r wohl schweigen.

REDING. Ich muss euch weisen vor der Landsgemeinde,
    Dass ihr mit heft'gem Sinn den Frieden stört!
    Stehn wir nicht alle für dieselbe Sache?

1400 WINKELRIED. Wenn wir's verschieben bis zum Fest des Herrn[1],
    Dann bringt's die Sitte mit, dass alle Sassen
    Dem Vogt Geschenke bringen auf das Schloss,
    So können zehen Männer oder zwölf
    Sich unverdächtig in der Burg versammeln,
1405   Die führen heimlich spitz'ge Eisen mit,
    Die man geschwind kann an die Stäbe stecken,
    Denn niemand kommt mit Waffen in die Burg.
    Zunächst im Wald hält dann der große Haufe,
    Und wenn die andern glücklich sich des Tors
1410   Ermächtiget, so wird ein Horn geblasen,
    Und jene brechen aus dem Hinterhalt,
    So wird das Schloss mit leichter Arbeit unser.

MELCHTHAL. Den Roßberg übernehm ich zu ersteigen,
    Denn eine Dirn[2] des Schlosses ist mir hold,
1415   Und leicht betör ich sie, zum nächtlichen
    Besuch die schwanke Leiter[3] mir zu reichen,
    Bin ich droben erst, zieh ich die Freunde nach.

REDING. Ist's aller Wille, dass verschoben werde?
    (Die Mehrheit erhebt die Hand)

STAUFFACHER *(zählt die Stimmen)*.
    Es ist ein Mehr von zwanzig gegen zwölf!

1420 WALTER FÜRST. Wenn am bestimmten Tag die Burgen fallen,
    So geben wir von einem Berg zum andern
    Das Zeichen mit dem Rauch, der Landsturm wird
    Aufgeboten, schnell, im Hauptort jedes Landes,
    Wenn dann die Vögte sehn der Waffen Ernst,

---

[1] Weihnachten
[2] Mädchen
[3] Strickleiter

1425　Glaubt mir, sie werden sich des Streits begeben
Und gern ergreifen friedliches Geleit,
Aus unsern Landesmarken zu entweichen.

STAUFFACHER. Nur mit dem Geßler fürcht ich schweren Stand,
Furchtbar ist er mit Reisigen umgeben,
1430　Nicht ohne Blut räumt er das Feld, ja selbst
Vertrieben bleibt er furchtbar noch dem Land,
Schwer ist's und fast gefährlich, ihn zu schonen.

BAUMGARTEN. Wo's halsgefährlich ist, da stellt mich hin,
Dem Tell verdank ich mein gerettet Leben.
1435　Gern schlag ich's in die Schanze für das Land,
Mein Ehr hab ich beschützt, mein Herz befriedigt.

REDING. Die Zeit bringt Rat. Erwartet's in Geduld.
Man muss dem Augenblick auch was vertrauen.
– Doch seht, indes wir nächtlich hier noch tagen,
1440　Stellt auf den höchsten Bergen schon der Morgen
Die glühnde Hochwacht aus – Kommt, lass uns scheiden,
Eh uns des Tages Leuchten überrascht.

WALTER FÜRST.
Sorgt nicht, die Nacht weicht langsam aus den Tälern.
(Alle haben unwillkürlich die Hüte abgenommen und betrachten mit stiller Sammlung die Morgenröte)

RÖSSELMANN. Bei diesem Licht, das uns zuerst begrüßt
1445　Von allen Völkern, die tief unter uns
Schwer atmend wohnen in dem Qualm der Städte,
Lasst uns den Eid des neuen Bundes schwören.
– Wir wollen sein ein einzig Volk von Brüdern,
In keiner Not uns trennen und Gefahr.
(Alle sprechen es nach mit erhobenen drei Fingern)
1450　– Wir wollen frei sein, wie die Väter waren,
Eher den Tod, als in der Knechtschaft leben. *(Wie oben)*
– Wir wollen trauen auf den höchsten Gott
Und uns nicht fürchten vor der Macht der Menschen.
(Wie oben. Die Landleute umarmen einander)

STAUFFACHER. Jetzt gehe jeder seines Weges still
1455　Zu seiner Freundschaft und Genosssame[1],
Wer Hirt ist, wintre ruhig seine Herde
Und werb im Stillen Freunde für den Bund,

---

[1] Gemeinschaft

– Was noch bis dahin muss erduldet werden,
Erduldet's! Lasst die Rechnung der Tyrannen
Anwachsen, bis ein Tag die allgemeine
Und die besondre Schuld auf einmal zahlt.
Bezähme jeder die gerechte Wut,
Und spare für das Ganze seine Rache,
Denn Raub begeht am allgemeinen Gut,
Wer selbst sich hilft in seiner eignen Sache.

(Indem sie zu drei verschiednen Seiten in größter Ruhe abgehen, fällt das Orchester mit einem prachtvollen Schwung ein, die leere Szene bleibt noch eine Zeit lang offen und zeigt das Schauspiel der aufgehenden Sonne über den Eisgebirgen)

Dritter Aufzug

Erste Szene

Hof vor Tells Hause

Er ist mit der Zimmeraxt, Hedwig mit einer häuslichen Arbeit beschäftigt. Walter und Wilhelm in der Tiefe spielen mit einer kleinen Armbrust.

WALTER *(singt).*   Mit dem Pfeil, dem Bogen
Durch Gebirg und Tal
Kommt der Schütz gezogen
Früh am Morgenstrahl.
1470   Wie im Reiche der Lüfte
König ist der Weih[1], –
Durch Gebirg und Klüfte
Herrscht der Schütze frei.
Ihm gehört das Weite,
1475   Was sein Pfeil erreicht,
Das ist seine Beute,
Was da kreucht und fleugt.

    (Kommt gesprungen)
Der Strang ist mir entzwei. Mach mir ihn, Vater.

TELL. Ich nicht. Ein rechter Schütze hilft sich selbst.

    (Knaben entfernen sich)

1480 HEDWIG. Die Knaben fangen zeitig an zu schießen.

TELL. Früh übt sich, was ein Meister werden will.

HEDWIG. Ach wollte Gott, sie lernten's nie!

TELL. Sie sollen alles lernen. Wer durchs Leben
Sich frisch will schlagen, muss zu Schutz und Trutz
1485 Gerüstet sein.

HEDWIG.   Ach, es wird keiner seine Ruh
Zu Hause finden.

TELL.   Mutter, ich kann's auch nicht,
Zum Hirten hat Natur mich nicht gebildet,
Rastlos muss ich ein flüchtig Ziel verfolgen,
Dann erst genieß ich meines Lebens recht,
1490 Wenn ich mir's jeden Tag aufs neu' erbeute.

---

[1] ein Raubvogel

HEDWIG. Und an die Angst der Hausfrau denkst du nicht,
Die sich indessen, deiner wartend, härmt,
Denn mich erfüllt's mit Grausen, was die Knechte
Von euren Wagefahrten sich erzählen.
1495 Bei jedem Abschied zittert mir das Herz,
Dass du mir nimmer werdest wiederkehren.
Ich sehe dich im wilden Eisgebirg,
Verirrt, von einer Klippe zu der andern
Den Fehlsprung tun, seh, wie die Gemse dich
1500 Rückspringend mit sich in den Abgrund reißt,
Wie eine Windlawine dich verschüttet,
Wie unter dir der trügerische Firn
Einbricht und du hinabsinkst, ein lebendig
Begrabner, in die schauerliche Gruft –
1505 Ach, den verwegnen Alpenjäger hascht
Der Tod in hundert wechselnden Gestalten,
Das ist ein unglückseliges Gewerb,
Das halsgefährlich führt am Abgrund hin!
TELL. Wer frisch umherspäht mit gesunden Sinnen,
1510 Auf Gott vertraut und die gelenke Kraft,
der ringt sich leicht aus jeder Fahr und Not,
Den schreckt der Berg nicht, der darauf geboren.
(Er hat seine Arbeit vollendet, legt das Gerät hinweg)
Jetzt, mein ich, hält das Tor auf Jahr und Tag.
Die Axt im Haus erspart den Zimmermann.
(Nimmt den Hut)
1515 HEDWIG. Wo gehst du hin?
TELL. Nach Altorf, zu dem Vater.
HEDWIG. Sinnst du auch nichts Gefährliches? Gesteh mir's.
TELL. Wie kommst du darauf, Frau?
HEDWIG. Es spinnt sich etwas
Gegen die Vögte – Auf dem Rütli ward
Getagt, ich weiß, und du bist auch im Bunde.
1520 TELL. Ich war nicht mit dabei – doch werd ich mich
Dem Lande nicht entziehen, wenn es ruft.
HEDWIG. Sie werden dich hinstellen, wo Gefahr ist,
Das Schwerste wird dein Anteil sein, wie immer.
TELL. Ein jeder wird besteuert nach Vermögen.
1525 HEDWIG. Den Unterwaldner hast du auch im Sturme
Über den See geschafft – Ein Wunder war's,

Dass ihr entkommen – Dachtest du denn gar nicht
An Kind und Weib?

TELL.   Lieb Weib, ich dacht an euch,
Drum rettet ich den Vater seinen Kindern.

1530 HEDWIG. Zu schiffen in dem wüt'gen See! Das heißt
Nicht Gott vertrauen! Das heißt Gott versuchen.

nicht denken.
handeln!
TELL. Wer gar zu viel bedenkt, wird wenig leisten.

HEDWIG. Ja, du bist gut und hilfreich, dienest allen,
Und wenn du selbst in Not kommst, hilft dir keiner.

1535 TELL. Verhüt es Gott, dass ich nicht Hilfe brauche.
   (Er nimmt die Armbrust und Pfeile)

HEDWIG. Was willst du mit der Armbrust? Lass sie hier.

nicht
menschlich
TELL. Mir fehlt der Arm, wenn mir die Waffe fehlt.
   (Die Knaben kommen zurück) *If I don't have my weapon,*
   it's as though I have no
WALTER. Vater, wo gehst du hin?   *arm*

TELL.   Nach Altorf, Knabe,
Zum Ehni[1] – Willst du mit?

WALTER.   Ja freilich will ich.

HEDWIG.
1540 Der Landvogt ist jetzt dort. Bleib weg von Altorf.

TELL. Er g e h t , noch heute.

HEDWIG.   Drum lass ihn erst fort sein.
Gemahn ihn nicht an dich, du weißt, er grollt uns.

TELL. Mir soll sein böser Wille nicht viel schaden,
Ich tue recht und scheue keinen Feind.

1545 HEDWIG. Die recht tun, eben die hasst er am meisten.

TELL. Weil er nicht an sie kommen kann – Mich wird
Der Ritter wohl in Frieden lassen, mein ich.

HEDWIG. So, weißt du das?

TELL.   Es ist nicht lange her,
Da ging ich jagen durch die wilden Gründe
1550 Des Schächentals auf menschenleerer Spur,
Und da ich einsam einen Felsensteig
Verfolgte, wo nicht auszuweichen war,
Denn über mir hing schroff die Felswand her,
Und unten rauschte fürchterlich der Schächen,
   *(Die Knaben drängen sich rechts und links an ihn und
   sehen mit gespannter Neugier an ihm hinauf)*
1555 Da kam der Landvogt gegen mich daher,

---

[1] Großvater

Er ganz allein mit mir, der auch allein war,
Bloß Mensch zu Mensch und neben uns der Abgrund.
Und als der Herre mein ansichtig ward
Und mich erkannte, den er kurz zuvor
1560 Um kleiner Ursach willen schwer gebüßt,
Und sah mich mit dem stattlichen Gewehr
Dahergeschritten kommen, da verblasst' er,
Die Knie versagten ihm, ich sah es kommen,
Dass er jetzt an die Felswand würde sinken.
1565 – Da jammerte mich sein, ich trat zu ihm
Bescheidentlich und sprach: Ich bin's, Herr Landvogt.
Er aber konnte keinen armen Laut
Aus seinem Munde geben – Mit der Hand nur
Winkt' er mir schweigend, meines Wegs zu gehn,
1570 Da ging ich fort und sandt ihm sein Gefolge.
HEDWIG. Er hat vor dir gezittert – Wehe dir!
Dass du ihn schwach gesehn, vergibt er nie.
TELL. Drum meid ich ihn, und er wird mich nicht suchen.
HEDWIG. Bleib heute nur dort weg. Geh lieber jagen.
TELL. Was fällt dir ein?
1575 HEDWIG.   Mich ängstigt's. Bleibe weg.
TELL. Wie kannst du dich so ohne Ursach quälen?
HEDWIG. Weil's keine Ursach hat – Tell, bleibe hier.
TELL. Ich hab's versprochen, liebes Weib, zu kommen.
HEDWIG. Musst du, so geh – Nur lasse mir den Knaben!
1580 WALTER. Nein, Mütterchen. Ich gehe mit dem Vater.
HEDWIG. Wälty, verlassen willst du deine Mutter?
WALTER. Ich bring dir auch was Hübsches mit vom Ehni.
    (Geht mit dem Vater)
WILHELM. Mutter, ich bleibe bei dir!
HEDWIG *(umarmt ihn)*.   Ja, du bist
Mein liebes Kind, du bleibst mir noch allein!
    *(Sie geht an das Hoftor und folgt den Abgehenden lange mit
    den Augen)*

Zweite Szene

*Eine eingeschlossene wilde Waldgegend, Staubbäche
stürzen von den Felsen
Berta im Jagdkleid. Gleich darauf Rudenz*

1585 BERTA. Er folgt mir. Endlich kann ich mich erklären.
RUDENZ *(tritt rasch ein)*.
 Fräulein, jetzt endlich find ich Euch allein,
 Abgründe schließen ringsumher uns ein,
 In dieser Wildnis fürcht ich keinen Zeugen,
 Vom Herzen wälz ich dieses lange Schweigen –
1590 BERTA. Seid Ihr gewiss, dass uns die Jagd nicht folgt?
RUDENZ. Die Jagd ist dort hinaus – Jetzt oder nie!
 Ich muss den teuren Augenblick ergreifen –
 Entschieden sehen muss ich mein Geschick,
 Und sollt es mich auf ewig von Euch scheiden.
1595 – O, waffnet Eure güt'gen Blicke nicht
 Mit dieser finstern Strenge – Wer bin ich,
 Dass ich den kühnen Wunsch zu Euch erhebe?
 Mich hat der Ruhm noch nicht genannt, ich darf
 Mich in die Reih nicht stellen mit den Rittern,
1600 Die siegberühmt und glänzend Euch umwerben.
 Nichts hab ich als mein Herz von Treu und Liebe –
BERTA *(ernst und streng)*.
 Dürft Ihr von Liebe reden und von Treue,
 Der treulos wird an seinen nächsten Pflichten?
 (Rudenz tritt zurück)
 Der Sklave Österreichs, der sich dem Fremdling
1605 Verkauft, dem Unterdrücker seines Volks?
RUDENZ. Von Euch, mein Fräulein, hör ich diesen Vorwurf?
 Wen such ich denn, als Euch auf jener Seite?
BERTA. Mich denkt Ihr auf der Seite des Verrats
 Zu finden? Eher wollt ich meine Hand
1610 Dem Geßler selbst, dem Unterdrücker, schenken,
 Als dem naturvergessnen[1] Sohn der Schweiz,
 Der sich zu seinem Werkzeug machen kann!
RUDENZ. O Gott, was muss ich hören?
BERTA.   Wie? Was liegt
 Dem guten Menschen näher als die Seinen?
1615 Gibt's schönre Pflichten für ein edles Herz,
 Als ein Verteidiger der Unschuld sein,
 Das Recht des Unterdrückten zu beschirmen?

---

[1] die natürlichen Pflichten vergessenden

– Die Seele blutet mir um Euer Volk,
Ich leide mit ihm, denn ich muss es lieben,
1620 Das so bescheiden ist und doch voll Kraft,
Es zieht mein ganzes Herz mich zu ihm hin,
Mit jedem Tage lern ich's mehr verehren.
– Ihr aber, den Natur und Ritterpflicht
Ihm zum geborenen Beschützer gaben,
1625 Und der's verlässt, der treulos übertritt
Zum Feind, und Ketten schmiedet seinem Land,
Ihr seid's, der mich verletzt und kränkt, ich muss
Mein Herz bezwingen, dass ich Euch nicht hasse.

RUDENZ. Will ich denn nicht das Beste meines Volks?
1630 Ihm unter Östreichs mächt'gem Szepter nicht
Den Frieden –

BERTA.   Knechtschaft wollt Ihr ihm bereiten!
Die Freiheit wollt Ihr aus dem letzten Schloss,
Das ihr noch auf der Erde blieb, verjagen.
Das Volk versteht sich besser auf sein Glück,
1635 Kein Schein verführt sein sicheres Gefühl,
Euch haben sie das Netz ums Haupt geworfen –

RUDENZ. Berta! Ihr hasst mich, Ihr verachtet mich!

BERTA. Tät ich's, mir wäre besser – Aber den
Verachtet sehen und verachtungswert,
1640 Den man gern lieben möchte –

RUDENZ.   Berta! Berta!
Ihr zeiget mir das höchste Himmelsglück,
Und stürzt mich tief in einem Augenblick.

BERTA. Nein, nein, das Edle ist nicht ganz erstickt
In Euch! Es schlummert nur, ich will es wecken,
1645 Ihr müsst Gewalt ausüben an Euch selbst,
Die angestammte Tugend zu ertöten,
Doch wohl Euch, sie ist mächtiger als Ihr,
Und trotz Euch selber seid Ihr gut und edel!

RUDENZ. Ihr glaubt an mich! O Berta, alles lässt
1650 Mich Eure Liebe sein und werden!

BERTA.   Seid,
Wozu die herrliche Natur Euch machte!
Erfüllt den Platz, wohin sie Euch gestellt,
Zu Eurem Volke steht und Eurem Lande,
Und kämpft für Euer heilig Recht.

RUDENZ.   Weh mir!
1655   Wie kann ich Euch erringen, Euch besitzen,
       Wenn ich der Macht des Kaisers widerstrebe?
       Ist's der Verwandten mächt'ger Wille nicht,
       Der über Eure Hand tyrannisch waltet?
BERTA. In den Waldstätten liegen meine Güter,
1660   Und ist der Schweizer frei, so bin auch ich's.
RUDENZ. Berta! Welch einen Blick tut Ihr mir auf!
BERTA. Hofft nicht, durch Östreichs Gunst mich zu erringen,
       Nach meinem Erbe strecken sie die Hand,
       Das will man mit dem großen Erb vereinen.
1665   Dieselbe Ländergier, die Eure Freiheit
       Verschlingen will, sie drohet auch der meinen!
       – O Freund, zum Opfer bin ich ausersehn,
       Vielleicht um einen Günstling zu belohnen –
       Dort wo die Falschheit und die Ränke wohnen,
1670   Hin an den Kaiserhof will man mich ziehn,
       Dort harren mein verhasster Ehe Ketten,
       Die Liebe nur – die Eure kann mich retten!
RUDENZ. Ihr könnet Euch entschließen, hier zu leben,
       In meinem Vaterlande mein zu sein?
1675   O Berta, all mein Sehnen in das Weite,
       Was war es, als ein Streben nur nach Euch?
       Euch sucht ich einzig auf dem Weg des Ruhms,
       Und all mein Ehrgeiz war nur meine Liebe.
       Könnt Ihr mit mir Euch in dies stille Tal
1680   Einschließen und der Erde Glanz entsagen –
       O dann ist meines Strebens Ziel gefunden,
       Dann mag der Strom der wildbewegten Welt
       Ans sichre Ufer dieser Berge schlagen –
       Kein flüchtiges Verlangen hab ich mehr
1685   Hinauszusenden in des Lebens Weiten –
       Dann mögen diese Felsen um uns her
       Die undurchdringlich feste Mauer breiten,
       Und dies verschlossne sel'ge Tal allein
       Zum Himmel offen und gelichtet sein!
1690 BERTA. Jetzt bist du ganz, wie dich mein ahnend Herz
       Geträumt, mich hat mein Glaube nicht betrogen!
RUDENZ. Fahr hin, du eitler Wahn, der mich betört!
       Ich soll das Glück in meiner Heimat finden.

Hier wo der Knabe fröhlich aufgeblüht,
1695 Wo tausend Freudespuren mich umgeben,
Wo alle Quellen mir und Bäume leben,
Im Vaterland willst du die Meine werden!
Ach, wohl hab ich es stets geliebt! Ich fühl's,
Es fehlte mir zu jedem Glück der Erden.
1700 BERTA. Wo wär die sel'ge Insel aufzufinden,
Wenn sie nicht hier ist in der Unschuld Land?
Hier, wo die alte Treue heimisch wohnt,
Wo sich die Falschheit noch nicht hingefunden,
Da trübt kein Neid die Quelle unsers Glücks,
1705 Und ewig hell entfliehen uns die Stunden.
– Da seh ich d i c h im echten Männerwert,
Den Ersten von den Freien und den Gleichen,
Mit reiner, freier Huldigung verehrt,
Groß wie ein König wirkt in seinen Reichen.
1710 RUDENZ. Da seh ich dich, die Krone aller Frauen,
In weiblich reizender Geschäftigkeit,
In meinem Haus den Himmel mir erbauen,
Und, wie der Frühling seine Blumen streut,
Mit schöner Anmut mir das Leben schmücken
1715 Und alles rings beleben und beglücken!
BERTA. Sieh, teurer Freund, warum ich trauerte,
Als ich dies höchste Lebensglück dich selbst
Zerstören sah – Weh mir! Wie stünd's um mich,
Wenn ich dem stolzen Ritter müsste folgen,
1720 Dem Landbedrücker auf sein finstres Schloss!
– Hier ist kein Schloss. Mich scheiden keine Mauern
Von einem Volk, das ich beglücken kann!
RUDENZ. Doch wie mich retten – wie die Schlinge lösen,
Die ich mir töricht selbst ums Haupt gelegt?
1725 BERTA. Zerreiße sie mit männlichem Entschluss!
Was auch draus werde – Steh zu deinem Volk,
Es ist dein angeborner Platz. *(Jagdhörner in der Ferne)*
Die Jagd
Kommt näher – Fort, wir müssen scheiden – Kämpfe
Fürs Vaterland, du kämpfst für deine Liebe!
1730 Es ist e i n Feind, vor dem wir alle zittern,
Und e i n e Freiheit macht uns alle frei!
(Gehen ab)

Dritte Szene

Wiese bei Altorf. Im Vordergrund Bäume, in der Tiefe der
Hut auf einer Stange. Der Prospekt wird begrenzt durch
den Bannberg, über welchem ein Schneegebirg emporragt.

Frießhardt und Leuthold halten Wache

FRIESSHARDT. Wir passen auf umsonst. Es will sich niemand
    Heranbegeben und dem Hut sein' Reverenz[1]
    Erzeigen. 's war doch sonst wie Jahrmarkt hier,
1735   Jetzt ist der ganze Anger[2] wie verödet,
    Seitdem der Popanz[3] auf der Stange hängt.
LEUTHOLD. Nur schlecht Gesindel lässt sich sehn und schwingt
    Uns zum Verdrieße die zerlumpten Mützen.
    Was rechte Leute sind, die machen lieber
1740   Den langen Umweg um den halben Flecken,
    Eh sie den Rücken beugten vor dem Hut.
FRIESSHARDT. Sie müssen über diesen Platz, wenn sie
    Vom Rathaus kommen um die Mittagstunde.
    Da meint ich schon, 'nen guten Fang zu tun,
1745   Denn keiner dachte dran, den Hut zu grüßen.
    Da sieht's der Pfaff, der Rösselmann — kam just
    Von einem Kranken her — und stellt sich hin
    Mit dem Hochwürdigen, grad vor die Stange —
    Der Sigrist musste mit dem Glöcklein schellen,
1750   Da fielen all aufs Knie, ich selber mit,
    Und grüßten die Monstranz[4], doch nicht den Hut. —
LEUTHOLD. Höre, Gesell, es fängt mir an zu deuchten,
    Wir stehen hier am Pranger vor dem Hut,
    's ist doch ein Schimpf für einen Reitersmann,
1755   Schildwach zu stehn vor einem leeren Hut —
    Und jeder rechte Kerl muss uns verachten.
    — Die Reverenz zu machen einem Hut,
    Es ist doch traun[5]! ein närrischer Befehl!
FRIESSHARDT. Warum nicht einem leeren, hohlen Hut?
1760   Bückst du dich doch vor manchem hohlen Schädel.

---

[1] Ehrerbietung
[2] Wiese
[3] vermummte Schreckgestalt
[4] Gefäß für die heilige Hostie
[5] wahrhaftig

(Hildegard, Mechthild und Elsbet treten auf mit Kindern und stellen sich um die Stange)

LEUTHOLD. Und du bist auch so ein dienstfert'ger Schurke,
Und brächtest wackre Leute gern ins Unglück.
Mag, wer da will, am Hut vorübergehn,
Ich drück die Augen zu und seh nicht hin.

1765 MECHTHILD. Da hängt der Landvogt – Habt Respekt, ihr Bu-
ELSBET. Wollt's Gott, er ging, und ließ uns seinen Hut, [ben.
Es sollte drum nicht schlechter stehn ums Land!

FRIESSHARDT *(verscheucht sie)*.
Wollt ihr vom Platz? Verwünschtes Volk der Weiber!
Wer fragt nach euch? Schickt eure Männer her,
1770 Wenn sie der Mut sticht, dem Befehl zu trotzen.
(Weiber gehn)
*(Tell mit der Armbrust tritt auf, den Knaben an der
Hand führend. Sie gehen an dem Hut vorbei gegen die
vordere Szene, ohne darauf zu achten)*

WALTER *(zeigt nach dem Bannberg)*.
Vater, ist's wahr, dass auf dem Berge dort
Die Bäume bluten, wenn man einen Streich
Drauf führte mit der Axt?

TELL.   Wer sagt das, Knabe?

WALTER. Der Meister Hirt erzählt's – Die Bäume seien
1775 Gebannt[1], sagt er, und wer sie schädige,
Dem wachse seine Hand heraus zum Grabe.

TELL. Die Bäume sind gebannt, das ist die Wahrheit.
– Siehst du die Firnen dort, die weißen Hörner,
Die hoch bis in den Himmel sich verlieren?

1780 WALTER. Das sind die Gletscher, die des Nachts so donnern,
Und uns die Schlaglawinen niedersenden.

TELL. So ist's, und die Lawinen hätten längst
Den Flecken Altorf unter ihrer Last
Verschüttet, wenn der Wald dort oben nicht
1785 Als eine Landwehr sich dagegenstellte.

WALTER *(nach einigem Besinnen)*.
Gibt's Länder, Vater, wo nicht Berge sind?

TELL. Wenn man hinuntersteigt von unsern Höhen,
Und immer tiefer steigt, den Strömen nach,

---

[1] für unverletzlich erklärt

Gelangt man in ein großes, ebnes Land,
1790 Wo die Waldwasser nicht mehr brausend schäumen,
Die Flüsse ruhig und gemächlich ziehn,
Da sieht man frei nach allen Himmelsräumen,
Das Korn wächst dort in langen, schönen Auen,
Und wie ein Garten ist das Land zu schauen.
1795 WALTER. Ei, Vater, warum steigen wir denn nicht
Geschwind hinab in dieses schöne Land,
Statt dass wir uns hier ängstigen und plagen?
TELL. Das Land ist schön und gütig wie der Himmel,
Doch die's bebauen, sie genießen nicht
1800 Den Segen, den sie pflanzen.
WALTER.   Wohnen sie
Nicht frei wie du auf ihrem eignen Erbe?
TELL. Das Feld gehört dem Bischof und dem König.
WALTER. So dürfen sie doch frei in Wäldern jagen?
TELL. Dem Herrn gehört das Wild und das Gefieder.
1805 WALTER. Sie dürfen doch frei fischen in dem Strom?
TELL. Der Strom, das Meer, das Salz gehört dem König.
WALTER. Wer ist der König denn, den alle fürchten?
TELL. Es ist der eine, der sie schützt und nährt.
WALTER. Sie können sich nicht mutig selbst beschützen?
1810 TELL. Dort darf der Nachbar nicht dem Nachbar trauen.
WALTER. Vater, es wird mir eng im weiten Land,
Da wohn ich lieber unter den Lawinen.
TELL. Ja, wohl ist's besser, Kind, die Gletscherberge
Im Rücken haben, als die bösen Menschen.
(Sie wollen vorübergehen)
1815 WALTER. Ei, Vater, sieh den Hut dort auf der Stange.
TELL. Was kümmert uns der Hut? Komm, lass uns gehen.
(Indem er abgehen will, tritt ihm Frießhardt mit vorgehalte-
ner Pike entgegen)
FRIESSHARDT. In des Kaisers Namen! Haltet an und steht!
TELL *(greift in die Pike)*.
Was wollt Ihr? Warum haltet Ihr mich auf?
FRIESSHARDT. Ihr habt's Mandat[1] verletzt, Ihr müsst uns folgen.
1820 LEUTHOLD. Ihr habt dem Hut nicht Reverenz bewiesen.
TELL. Freund, lass mich gehen.

---

[1] Verordnung

FRIESSHARDT.   Fort, fort ins Gefängnis!
WALTER. Den Vater ins Gefängnis! Hilfe! Hilfe!
  (In die Szene rufend)
  Herbei, ihr Männer, gute Leute, helft,
  Gewalt, Gewalt, sie führen ihn gefangen.   ⌐ Eucharist (monstrance)
  (Rösselmann der Pfarrer und Petermann der Sigrist kommen
  herbei, mit drei andern Männern)
1825 SIGRIST. Was gibt's?
  RÖSSELMANN.   Was legst du Hand an diesen Mann?
  FRIESSHARDT. Er ist ein Feind des Kaisers, ein Verräter!
  TELL *(fasst ihn heftig)*. Ein Verräter, ich!
  RÖSSELMANN.   Du irrst dich, Freund, das ist
    Der Tell, ein Ehrenmann und guter Bürger.
  WALTER *(erblickt Walter Fürsten und eilt ihm entgegen)*.
    Großvater, hilf, Gewalt geschieht dem Vater.
1830 FRIESSHARDT. Ins Gefängnis, fort!
  WALTER FÜRST *(herbeieilend)*. Ich leiste Bürgschaft, haltet!
    – Um Gotteswillen, Tell, was ist geschehen?
    (Melchthal und Stauffacher kommen)
  FRIESSHARDT. Des Landvogts oberherrliche Gewalt
    Verachtet er und will sie nicht erkennen.
  STAUFFACHER. Das hätt der Tell getan?
  MELCHTHAL.   Da lügst du, Bube!
1835 LEUTHOLD. Er hat dem Hut nicht Reverenz bewiesen.
  WALTER FÜRST. Und darum soll er ins Gefängnis? Freund,
    Nimm meine Bürgschaft an und lass ihn ledig.
  FRIESSHARDT. Bürg du für dich und deinen eignen Leib!
    Wir tun, was unsers Amtes – Fort mit ihm!
  MELCHTHAL *(zu den Landleuten)*.
1840   Nein, das ist schreiende Gewalt! Ertragen wir's,
    Dass man ihn fortführt, frech, vor unsern Augen?
  SIGRIST. Wir sind die Stärkern. Freunde, duldet's nicht,
    Wir haben einen Rücken an den andern!
  FRIESSHARDT. Wer widersetzt sich dem Befehl des Vogts?
  NOCH DREI LANDLEUTE *(herbeieilend)*.
1845   Wir helfen euch. Was gibt's? Schlagt sie zu Boden.
    (Hildegard, Mechthild und Elsbet kommen zurück)
  TELL. Ich helfe mir schon selbst. Geht, gute Leute,
    Meint ihr, wenn ich die Kraft gebrauchen wollte,
    Ich würde mich vor ihren Spießen fürchten?

MELCHTHAL *(zu Frießhardt)*.
  Wag's, ihn aus unsrer Mitte wegzuführen!
WALTER FÜRST UND STAUFFACHER.
1850 Gelassen! Ruhig!
FRIESSHARDT *(schreit)*. Aufruhr und Empörung!
  (Man hört Jagdhörner)
WEIBER. Da kommt der Landvogt!
FRIESSHARDT *(erhebt die Stimme)*. Meuterei! Empörung!
STAUFFACHER. Schrei, bis du berstest, Schurke!
RÖSSELMANN UND MELCHTHAL.   Willst du schweigen?
FRIESSHARDT *(ruft noch lauter)*.
  Zu Hilf, zu Hilf den Dienern des Gesetzes.
WALTER FÜRST.
  Da ist der Vogt! Weh uns, was wird das werden!
  (Geßler zu Pferd, den Falken auf der Faust, Rudolf der Har-
  ras, Berta und Rudenz, ein großes Gefolge von bewaffneten
  Knechten, welche einen Kreis von Piken um die ganze Szene
  schließen)
1855 RUDOLF DER HARRAS. Platz, Platz dem Landvogt!
GESSLER.   Treibt sie auseinander!
  Was läuft das Volk zusammen? Wer ruft Hilfe?
  (Allgemeine Stille)
  Wer war's? Ich will es wissen. *(Zu Frießhardt)*
                    Du tritt vor!
  Wer bist du und was hältst du diesen Mann?
  (Er gibt den Falken einem Diener)
FRIESSHARDT. Gestrenger Herr, ich bin dein Waffenknecht
1860 Und wohlbestellter Wächter bei dem Hut.
  Diesen Mann ergriff ich über frischer Tat,
  Wie er dem Hut den Ehrengruß versagte.
  Verhaften wollt ich ihn, wie du befahlst,
  Und mit Gewalt will ihn das Volk entreißen.
GESSLER *(nach einer Pause)*
1865 Verachtest du so deinen Kaiser, Tell,
  Und mich, der hier an seiner Statt gebietet,
  Dass du die Ehr versagst dem Hut, den ich
  Zur Prüfung des Gehorsams aufgehangen?
  Dein böses Trachten hast du mir verraten.
1870 TELL. Verzeiht mir, lieber Herr! Aus Unbedacht,
  Nicht aus Verachtung Eurer ist's geschehn,

Wär ich besonnen, hieß ich nicht der Tell,
Ich bitt um Gnad, es soll nicht mehr begegnen.
GESSLER *(nach einigem Stillschweigen)*.
    Du bist ein Meister auf der Armbrust, Tell,
1875   Man sagt, du nähmst es auf mit jedem Schützen?
WALTER TELL. Und das muss wahr sein, Herr – 'nen Apfel
    Der Vater dir vom Baum auf hundert Schritte.   [schießt
GESSLER. Ist das dein Knabe, Tell?
TELL.   Ja, lieber Herr.
GESSLER. Hast du der Kinder mehr?
TELL.   Zwei Knaben, Herr.
1880 GESSLER. Und welcher ist's, den du am meisten liebst?
TELL. Herr, beide sind sie mir gleich liebe Kinder.
GESSLER. Nun, Tell! weil du den Apfel triffst vom Baume
    Auf hundert Schritte, so wirst du deine Kunst
    Vor mir bewähren müssen – Nimm die Armbrust –
1885   Du hast sie gleich zur Hand – und mach dich fertig,
    Einen Apfel von des Knaben Kopf zu schießen –
    Doch will ich raten, ziele gut, dass du
    Den Apfel treffest auf den ersten Schuss,
    Denn fehlst du ihn, so ist dein Kopf verloren.
    (Alle geben Zeichen des Schreckens)
1890 TELL. Herr – Welches Ungeheure sinnet Ihr
    Mir an – Ich soll vom Haupte meines Kindes –
    – Nein, nein doch, lieber Herr, das kömmt Euch nicht
    Zu Sinn – Verhüt's der gnäd'ge Gott – das könnt Ihr
    Im Ernst von einem Vater nicht begehren!
1895 GESSLER. Du wirst den Apfel schießen von dem Kopf
    Des Knaben – Ich begehr's und will's.
TELL.   Ich soll
    Mit meiner Armbrust auf das liebe Haupt
    Des eignen Kindes zielen – Eher sterb ich!
GESSLER. Du schießest oder stirbst mit deinem Knaben.
1900 TELL. Ich soll der Mörder werden meines Kinds!
    Herr, Ihr habt keine Kinder – wisset nicht,
    Was sich bewegt in eines Vaters Herzen.
GESSLER. Ei, Tell, du bist ja plötzlich so besonnen!
    Man sagte mir, dass du ein Träumer seist,
1905   Und dich entfernst von andrer Menschen Weise.
    Du liebst das Seltsame – drum hab ich jetzt

Ein eigen Wagstück für dich ausgesucht.
Ein andrer wohl bedächte sich – du drückst
Die Augen zu, und greifst es herzhaft an.

1910 BERTA. Scherzt nicht, o Herr! mit diesen armen Leuten!
Ihr seht sie bleich und zitternd stehn – So wenig
Sind sie Kurzweils gewohnt aus Eurem Munde.

GESSLER. Wer sagt Euch, dass ich scherze?
(Greift nach einem Baumzweige, der über ihn herhängt)
                                        Hier ist der Apfel.
Man mache Raum – Er nehme seine Weite,
1915 Wie's Brauch ist – Achtzig Schritte geb ich ihm –
Nicht weniger, noch mehr – Er rühmte sich,
Auf ihrer hundert seinen Mann zu treffen –
Jetzt, Schütze, triff, und fehle nicht das Ziel!

RUDOLF DER HARRAS.
        Gott, das wird ernsthaft – Falle nieder, Knabe,
1920 Es gilt, und fleh den Landvogt um dein Leben.

WALTER FÜRST *(beiseite zu Melchthal, der kaum seine Ungeduld
bezwingt).*
        Haltet an Euch, ich fleh Euch drum, bleibt ruhig.

BERTA *(zum Landvogt).*
        Lasst es genug sein, Herr! Unmenschlich ist's,
Mit eines Vaters Angst also zu spielen.
Wenn dieser arme Mann auch Leib und Leben
1925 Verwirkt durch seine leichte Schuld, bei Gott!
Er hätte jetzt zehnfachen Tod empfunden.
Entlasst ihn ungekränkt in seine Hütte,
Er hat Euch kennenlernen, dieser Stunde
Wird er und seine Kindeskinder denken.

1930 GESSLER. Öffnet die Gasse – Frisch! Was zauderst du?
Dein Leben ist verwirkt, ich kann dich töten,
Und sieh, ich lege gnädig dein Geschick
In deine eigne kunstgeübte Hand.
Der kann nicht klagen über harten Spruch,
1935 Den man zum Meister seines Schicksals macht,
Du rühmst dich deines sichern Blicks. Wohlan!
Hier gilt es, S c h ü t z e, deine Kunst zu zeigen,
Das Ziel ist würdig und der Preis ist groß!
Das Schwarze treffen in der Scheibe, d a s
1940 Kann auch ein andrer! D e r ist mir der Meister,

Der seiner Kunst gewiss ist überall,
Dem's Herz nicht in die Hand tritt noch ins Auge.

WALTER FÜRST *(wirft sich vor ihm nieder)*.
Herr Landvogt, wir erkennen Eure Hoheit,
Doch lasset Gnad vor Recht ergehen, nehmt
1945 Die Hälfte meiner Habe, nehmt sie ganz,
Nur dieses Grässliche erlasset einem Vater!

WALTER TELL. Großvater, knie nicht vor dem falschen Mann!
Sagt, wo ich hinstehn soll, ich fürcht mich nicht,
Der Vater trifft den Vogel ja im Flug,
1950 Er wird nicht fehlen auf das Herz des Kindes.

STAUFFACHER.
Herr Landvogt, rührt Euch nicht des Kindes Unschuld?

RÖSSELMANN. O denkt, dass ein Gott im Himmel ist,
Dem Ihr müsst Rede stehn für Eure Taten.

GESSLER *(zeigt auf den Knaben)*.
Man bind ihn an die Linde dort!

WALTER TELL.   Mich binden!
1955 Nein, ich will nicht gebunden sein. Ich will
Still halten, wie ein Lamm, und auch nicht atmen.
Wenn ihr mich bindet, nein, so kann ich's nicht,
So werd ich toben gegen meine Bande.

RUDOLF DER HARRAS. Die Augen nur lass dir verbinden, Knabe.

WALTER TELL. Warum die Augen? Denket Ihr, ich fürchte
1960 Den Pfeil von Vaters Hand? Ich will ihn fest
Erwarten, und nicht zucken mit den Wimpern.
– Frisch, Vater, zeig's, dass du ein Schütze bist,
Er glaubt dir's nicht, er denkt, uns zu verderben –
1965 Dem Wütrich zum Verdrusse, schieß und triff.
(Er geht an die Linde, man legt ihm den Apfel auf)

MELCHTHAL *(zu den Landleuten)*.
Was? Soll der Frevel sich vor unsern Augen
Vollenden? Wozu haben wir geschworen?

STAUFFACHER. Es ist umsonst. Wir haben keine Waffen,
Ihr seht den Wald von Lanzen um uns her.

1970 MELCHTHAL. O hätten wir's mit frischer Tat vollendet,
Verzeih's Gott denen, die zum Aufschub rieten!

GESSLER *(zum Tell)*.
Ans Werk! Man führt die Waffen nicht vergebens.
Gefährlich ist's, ein Mordgewehr zu tragen,

Und auf den Schützen springt der Pfeil zurück.
1975   Dies stolze Recht, das sich der Bauer nimmt,
Beleidiget den höchsten Herrn des Landes.
Gewaffnet sei niemand, als wer gebietet.
Freut's euch, den Pfeil zu führen und den Bogen,
Wohl, so will ich das Ziel euch, dazu geben.

TELL *(spannt die Armbrust und legt den Pfeil auf).*
1980   Öffnet die Gasse! Platz!

STAUFFACHER. Was, Tell? Ihr wolltet – Nimmermehr – Ihr
Die Hand erbebt Euch, Eure Knie wanken –   [zittert,

TELL *(lässt die Armbrust sinken).*
Mir schwimmt es vor den Augen!

WEIBER.   Gott im Himmel!

TELL *(zum Landvogt).* Erlasset mir den Schuss. Hier ist mein
(Er reißt die Brust auf)   [Herz.
1985   Ruft Eure Reisigen und stoßt mich nieder.

GESSLER. Ich will dein Leben nicht, ich will den Schuss.
– Du kannst ja alles, Tell, an nichts verzagst du,
Das Steuerruder führst du wie den Bogen,
Dich schreckt kein Sturm, wenn es zu retten gilt,
1990   Jetzt, Retter, hilf dir selbst – du rettest alle!
*(Tell steht in fürchterlichem Kampf, mit den Händen
zuckend und die rollenden Augen bald auf den Landvogt, bald zum Himmel gerichtet. – Plötzlich greift er in
seinen Köcher, nimmt einen zweiten Pfeil heraus und
steckt ihn in seinen Goller[1]. Der Landvogt bemerkt alle
diese Bewegungen)*

WALTER TELL *(unter der Linde).*
Vater, schieß zu, ich fürcht mich nicht.

TELL.   Es muss!
(Er rafft sich zusammen und legt an)

RUDENZ *(der die ganze Zeit über in der heftigsten Span-
nung gestanden und mit Gewalt an sich gehalten, tritt
hervor).*
Herr Landvogt, weiter werdet Ihr's nicht treiben,
Ihr werdet nicht – Es war nur eine Prüfung –
Den Zweck habt Ihr erreicht – Zu weit getrieben
1995   Verfehlt die Strenge ihres weisen Zwecks,
Und allzu straff gespannt zerspringt der Bogen.

---

[1]   ärmelloses Brustkleid

GESSLER. Ihr schweigt, bis man Euch aufruft.

RUDENZ.   Ich will reden,
    Ich darf's, des Königs Ehre ist mir heilig,
    Doch solches Regiment[1] muss Hass erwerben.
2000   Das ist des Königs Wille nicht – Ich darf's
    Behaupten – Solche Grausamkeit verdient
    Mein Volk nicht, dazu habt Ihr keine Vollmacht.

GESSLER. Ha, Ihr erkühnt Euch!

RUDENZ.   Ich hab still geschwiegen
    Zu allen schweren Taten, die ich sah,
2005   Mein sehend Auge hab ich zugeschlossen,
    Mein überschwellend und empörtes Herz
    Hab ich hinabgedrückt in meinen Busen.
    Doch länger schweigen wär Verrat zugleich
    An meinem Vaterland und an dem Kaiser.

BERTA *(wirft sich zwischen ihn und den Landvogt).*
2010   O Gott, Ihr reizt den Wütenden noch mehr.

RUDENZ. Mein Volk verließ ich, meinen Blutsverwandten
    Entsagt ich, alle Bande der Natur
    Zerriss ich, um an Euch mich anzuschließen –
    Das Beste aller glaubt ich zu befördern,
2015   Da ich des Kaisers Macht befestigte –
    Die Binde fällt von meinen Augen – Schaudernd
    Seh ich an einen Abgrund mich geführt –
    Mein freies Urteil habt Ihr irrgeleitet,
    Mein redlich Herz verführt – Ich war daran,
2020   Mein Volk in bester Meinung zu verderben.

GESSLER. Verwegner, diese Sprache deinem Herrn?

RUDENZ. Der Kaiser ist mein Herr, nicht Ihr – Frei bin ich
    Wie Ihr geboren, und ich messe mich
    Mit Euch in jeder ritterlichen Tugend.
2025   Und stündet Ihr nicht hier in Kaisers Namen,
    Den ich verehre, selbst wo man ihn schändet,
    Den Handschuh[2] wärf ich vor Euch hin, Ihr solltet
    Nach ritterlichem Brauch mir Antwort geben.
    – Ja, winkt nur Euren Reisigen – Ich stehe

---

[1] Herrschaft
[2] das Hinwerfen des Handschuhs war unter Rittern die Aufforde-
     rung zum Zweikampf

2030   Nicht wehrlos da, wie die – *(auf das Volk zeigend).*
                                            Ich hab ein Schwert,
   Und wer mir naht –
STAUFFACHER *(ruft).*   Der Apfel ist gefallen!
   (Indem sich alle nach dieser Seite gewendet und Berta
   zwischen Rudenz und den Landvogt sich geworfen, hat
   Tell den Pfeil abgedrückt)
RÖSSELMANN. Der Knabe lebt!
VIELE STIMMEN.   Der Apfel ist getroffen!
   (Walter Fürst schwankt und droht zu sinken, Berta hält
   ihn)
GESSLER *(erstaunt).* Er hat geschossen? Wie? Der Rasende!
BERTA. Der Knabe lebt! Kommt zu Euch, guter Vater!
WALTER TELL *(kommt mit dem Apfel gesprungen).*
2035   Vater, hier ist der Apfel – Wusst ich's ja,
   Du würdest deinen Knaben nicht verletzen.
   (Tell stand mit vorgebognem Leib, als wollt er dem Pfeil
   folgen – die Armbrust entsinkt seiner Hand – wie er den
   Knaben kommen sieht, eilt er ihm mit ausgebreiteten
   Armen entgegen und hebt ihn mit heftiger Inbrunst zu
   seinem Herzen hinauf, in dieser Stellung sinkt er kraft-
   los zusammen. Alle stehen gerührt)
BERTA. O güt'ger Himmel!
WALTER FÜRST *(zu Vater und Sohn).* Kinder! Meine Kinder!
STAUFFACHER. Gott sei gelobt!
LEUTHOLD.   Das war ein Schuss! Davon
   Wird man noch reden in den spätsten Zeiten.
RUDOLF DER HARRAS.
2040   Erzählen wird man von dem Schützen Tell,
   Solang die Berge stehn auf ihrem Grunde.
   (Reicht dem Landvogt den Apfel)
GESSLER. Bei Gott, der Apfel mitten durchgeschossen!
   Es war ein Meisterschuss, ich muss ihn loben.
RÖSSELMANN. Der Schuss war gut, doch wehe dem, der ihn
2045   Dazu getrieben, dass er Gott versuchte.
STAUFFACHER.
   Kommt zu Euch, Tell, steht auf, Ihr habt Euch männlich
   Gelöst, und frei könnt Ihr nach Hause gehen.
RÖSSELMANN.
   Kommt, kommt und bringt der Mutter ihren Sohn.

(Sie wollen ihn wegführen)

GESSLER. Tell, höre!

TELL *(kommt zurück)*. Was befehlt Ihr, Herr?

GESSLER.   Du stecktest
2050 Noch einen zweiten Pfeil zu dir – Ja, ja,
Ich sah es wohl – Was meintest du damit?

TELL *(verlegen)*. Herr, das ist also bräuchlich bei den Schützen.

GESSLER. Nein Tell, die Antwort lass ich dir nicht gelten,
Es wird was anders wohl bedeutet haben.
2055 Sag mir die Wahrheit frisch und fröhlich, Tell,
Was es auch sei, dein Leben sich'r ich dir.
Wozu der zweite Pfeil?

TELL.   Wohlan, o Herr
Weil Ihr mich meines Lebens habt gesichert,
So will ich Euch die Wahrheit gründlich sagen.
*(Er zieht den Pfeil aus dem Goller und sieht den Land-
vogt mit einem furchtbaren Blick an)*
2060 Mit diesem zweiten Pfeil durchschoss ich – Euch,
Wenn ich mein liebes Kind getroffen hätte,
Und Eurer – wahrlich! hätt ich nicht gefehlt.

GESSLER. Wohl, Tell! Des Lebens hab ich dich gesichert,
Ich gab mein Ritterwort, das will ich halten –
2065 Doch weil ich deinen bösen Sinn erkannt,
Will ich dich führen lassen und verwahren,
Wo weder Mond noch Sonne dich bescheint,
Damit ich sicher sei vor deinen Pfeilen.
Ergreif ihn, Knechte! Bindet ihn! *(Tell wird gebunden)*

STAUFFACHER.   Wie, Herr?
2070 So könntet Ihr an einem Manne handeln,
An dem sich Gottes Hand sichtbar verkündigt?

GESSLER. Lass sehn, ob sie ihn zweimal retten wird.
– Man bring ihn auf mein Schiff, ich folge nach
Sogleich, ich selbst will ihn nach Küßnacht führen.

2075 RÖSSELMANN. Ihr wollt ihn außer Lands gefangen führen?

LANDLEUTE. Das dürft Ihr nicht, das darf der Kaiser nicht,
Das widerstreitet unsern Freiheitsbriefen!

GESSLER. Wo sind sie? Hat der Kaiser sie bestätigt?
Er hat sie nicht bestätigt – Diese Gunst
2080 Muss erst erworben werden durch Gehorsam.
Rebellen seid ihr alle gegen Kaisers

Gericht und nährt verwegene Empörung.
Ich kenn euch alle – ich durchschau euch ganz –
Den nehm ich jetzt heraus aus eurer Mitte,

2085 Doch alle seid ihr teilhaft seiner Schuld.
Wer klug ist, lerne schweigen und gehorchen.
*(Er entfernt sich, Berta, Rudenz, Harras und Knechte folgen,
Frießhardt und Leuthold bleiben zurück)*

WALTER FÜRST *(in heftigem Schmerz)*.
Es ist vorbei, er hat's beschlossen, mich
Mit meinem ganzen Hause zu verderben!

STAUFFACHER *(zum Tell)*.
O warum musstet Ihr den Wütrich reizen!

2090 TELL. Bezwinge sich, wer meinen Schmerz gefühlt!

STAUFFACHER. O nun ist alles, alles hin! Mit Euch
sind wir gefesselt alle und gebunden!

LANDLEUTE *(umringen den Tell)*.
Mit Euch geht unser letzter Trost dahin!

LEUTHOLD *(nähert sich)*.
Tell, es erbarmt mich – doch ich muss gehorchen.

TELL. Lebt wohl!

WALTER TELL *(sich mit heftigem Schmerz an ihm
schmiegend)*.

2095   O Vater! Vater! Lieber Vater!

TELL *(hebt die Arme zum Himmel)*.
Dort droben ist dein Vater! Den ruf an!

STAUFFACHER. Tell, sag ich Eurem Weibe nichts von Euch?

TELL *(hebt den Knaben mit Inbrunst an seine Brust)*.
Der Knab ist unverletzt, mir wird Gott helfen.
(Reißt sich schnell los und folgt den Waffenknechten)

Vierter Aufzug

Erste Szene

Östliches Ufer des Vierwaldstättensees

Die seltsam gestalteten schroffen Felsen im Westen schließen den Prospekt. Der See ist bewegt, heftiges Rauschen und Tosen, dazwischen Blitze und Donnerschläge.

Kunz von Gersau. Fischer und Fischerknabe

KUNZ. Ich sah's mit Augen an, Ihr könnt mir's glauben,
2100 's ist alles so geschehn, wie ich Euch sagte.
FISCHER. Der Tell gefangen, abgeführt nach Küßnacht,
Der beste Mann im Land, der bravste Arm,
Wenn's einmal gelten sollte für die Freiheit.
KUNZ. Der Landvogt führt ihn selbst den See herauf,
2105 Sie waren eben dran, sich einzuschiffen,
Als ich von Flüelen abfuhr, doch der Sturm,
der eben jetzt im Anzug ist, und der
Auch mich gezwungen, eilends hier zu landen,
Mag ihre Abfahrt wohl verhindert haben.
2110 FISCHER. Der Tell in Fesseln, in Vogts Gewalt!
O glaubt, er wird ihn tief genug vergraben,
Dass er des Tages Licht nicht wieder sieht!
Denn fürchten muss er die gerechte Rache
Des freien Mannes, den er schwer gereizt!
2115 KUNZ. Der Altlandammann auch, der edle Herr
Von Attinghausen, sagt man, lieg am Tode.
FISCHER. So bricht der letzte Anker unsrer Hoffnung!
Der war es noch allein, der seine Stimme
Erheben durfte für des Volkes Rechte!
2120 KUNZ. Der Sturm nimmt überhand. Gehabt Euch wohl,
Ich nehme Herberg in dem Dorf, denn heut
Ist doch an keine Abfahrt mehr zu denken. *(Geht ab)*
FISCHER. Der Tell gefangen und der Freiherr tot!
Erheb die freche Stirne, Tyrannei,
2125 Wirf alle Scham hinweg, der Mund der Wahrheit
Ist stumm, das sehnde Auge ist geblendet,
Der Arm, der retten sollte, ist gefesselt!

KNABE. Es hagelt schwer, kommt in die Hütte, Vater,
     Es ist nicht kommlich[1], hier im Freien hausen.
2130 FISCHER. Raset, ihr Winde, flammt herab, ihr Blitze,
     Ihr Wolken berstet, gießt herunter, Ströme
     Des Himmels und ersäuft das Land! Zerstört
     Im Keim die ungeborenen Geschlechter!
     Ihr wilden Elemente werdet Herr,
2135   Ihr Bären kommt, ihr alten Wölfe wieder
     Der großen Wüste, euch gehört das Land,
     Wer wird hier leben wollen ohne Freiheit!
KNABE. Hört, wie der Abgrund tost, der Wirbel brüllt,
     So hat's noch nie gerast in diesem Schlunde!
2140 FISCHER. Zu zielen auf des eignen Kindes Haupt,
     Solches ward keinem Vater noch geboten!
     Und die Natur soll nicht in wildem Grimm
     Sich drob empören – O mich soll's nicht wundern,
     Wenn sich die Felsen bücken in den See,
2145   Wenn jene Zacken, jene Eisestürme,
     Die nie auftauten seit dem Schöpfungstag,
     Von ihren hohen Kulmen[2] niederschmelzen,
     Wenn die Berge brechen, wenn die alten Klüfte
     Einstürzen, eine zweite Sündflut alle
2150   Wohnstätten der Lebendigen verschlingt!
     (Man hört läuten)
KNABE. Hört Ihr, sie läuten droben auf dem Berg,
     Gewiss hat man ein Schiff in Not gesehn
     Und zieht die Glocke, dass gebetet werde.
     (Steigt auf eine Anhöhe)
FISCHER. Wehe dem Fahrzeug, das jetzt unterwegs,
2155   In dieser furchtbarn Wiege wird gewiegt!
     Hier ist das Steuer unnütz und der Steurer,
     Der Sturm ist Meister, Wind und Welle spielen
     Ball mit dem Menschen – Da ist nah und fern
     Kein Busen[3], der ihm freundlich Schutz gewährte!
2160   Handlos[4] und schroff ansteigend starren ihm

---

[1]   behaglich
[2]   Bergkuppen
[3]   Bucht
[4]   keine Handhabe bietend

Die Felsen, die unwirtlichen, entgegen,
Und weisen ihm nur ihre steinern schroffe Brust.
KNABE *(deutet links)*.
Vater, ein Schiff, es kommt von Flüelen her.
FISCHER. Gott helf den armen Leuten! Wenn der Sturm
2165 In dieser Wasserkluft sich erst verfangen,
Dann rast er um sich mit des Raubtiers Angst,
Das an des Gitters Eisenstäbe schlägt,
Die Pforte sucht er heulend sich vergebens,
Denn ringsum schränken ihn die Felsen ein,
2170 Die himmelhoch den engen Pass vermauren.
(Er steigt auf die Anhöhe).
KNABE. Es ist das Herrenschiff von Uri, Vater,
Ich kenn's am roten Dach und an der Fahne.
FISCHER. Gerichte Gottes! Ja, er ist es selbst,
Der Landvogt, der da fährt – Dort schifft er hin,
2175 Und führt im Schiffe sein Verbrechen mit!
Schnell hat der Arm des Rächers ihn gefunden,
Jetzt kennt er über sich den stärkern Herrn,
Diese Wellen geben nicht auf seine Stimme,
Diese Felsen bücken ihre Häupter nicht
2180 Vor seinem Hute – Knabe, bete nicht,
Greif nicht dem Richter in den Arm!
KNABE. Ich bete für den Landvogt nicht – Ich bete
Für den Tell, der auf dem Schiff sich mit befindet.
FISCHER. O Unvernunft des blinden Elements!
2185 Musst du, um einen Schuldigen zu treffen
Das Schiff mitsamt dem Steuermann verderben!
KNABE. Sieh, sieh, sie waren glücklich schon vorbei
Am Buggisgrat[1], doch die Gewalt des Sturms,
Der von dem Teufelsmünster widerprallt,
2190 Wirft sie zum großen Axenberg zurück.
– Ich seh sie nicht mehr.
FISCHER.   Dort ist das Hakmesser[1],
Wo schon der Schiffe mehrere gebrochen.
Wenn sie nicht weislich dort vorüberlenken,
So wird das Schiff zerschmettert an der Fluh[2],

---

[1] steile Felswände des Axenbergs am Ostufer des Urner Sees
[2] schroff ansteigende Felswand

2195   Die sich gähstotzig[1] absenkt in die Tiefe.
– Sie haben einen guten Steuermann
Am Bord, könnt einer retten, wär's der Tell,
Doch dem sind Arm' und Hände ja gefesselt.
(Wilhelm Tell mit der Armbrust. Er kommt mit raschen Schritten, blickt erstaunt umher und zeigt die heftigste Bewegung. Wenn er mitten auf der Szene ist, wirft er sich nieder, die Hände zu der Erde und dann zum Himmel ausbreitend)

KNABE *(bemerkt ihn)*.
Sieh, Vater, wer der Mann ist, der dort kniet?

2200 FISCHER. Er fasst die Erde an mit seinen Händen,
Und scheint wie außer sich zu sein.

KNABE *(kommt vorwärts)*.
Was seh ich! Vater! Vater, kommt und seht!

FISCHER *(nähert sich)*.
Wer ist es? – Gott im Himmel! Was! der Tell?
Wie kommt Ihr hieher? Redet!

KNABE.   Wart Ihr nicht
2205 Dort auf dem Schiff gefangen und gebunden?

FISCHER. Ihr wurdet nicht nach Küßnacht abgeführt?

TELL *(steht auf)*. Ich bin befreit.

FISCHER UND KNABE.   Befreit! O Wunder Gottes!

KNABE. Wo kommt Ihr her?

TELL.   Dort aus dem Schiffe.

FISCHER.   Was?

KNABE *(zugleich)*. Wo ist der Landvogt?

TELL.   Auf den Wellen treibt er.

2210 FISCHER. Ist's möglich? Aber Ihr? Wie seid Ihr hier?
Seid Euren Banden und dem Sturm entkommen?

TELL. Durch Gottes gnäd'ge Fürsehung – Hört an!

FISCHER UND KNABE. O redet, redet!

TELL.   Was in Altorf sich
Begeben, wisst Ihr's?

FISCHER.   Alles weiß ich, redet!

2215 TELL. Dass mich der Landvogt fahren ließ und binden,
Nach seiner Burg zu Küßnacht wollte führen.

FISCHER. Und sich mit Euch zu Flüelen eingeschifft!
Wir wissen alles, sprecht, wie Ihr entkommen?

---

[1] abschüssig

TELL. Ich lag im Schiff, mit Stricken fest gebunden,
2220 Wehrlos, ein aufgegebner Mann – nicht hofft ich,
Das frohe Licht der Sonne mehr zu sehn,
Der Gattin und der Kinder liebes Antlitz,
Und trostlos blickt ich in die Wasserwüste –
FISCHER. O armer Mann!
TELL.   So fuhren wir dahin,
2225 Der Vogt, Rudolf der Harras und die Knechte.
Mein Köcher aber mit der Armbrust lag
Am hintern Gransen[1] bei dem Steuerruder.
Und als wir an die Ecke jetzt gelangt
Beim kleinen Axen, da verhängt' es Gott,
2230 Dass solch ein grausam mördrisch Ungewitter
Gählings herfürbrach aus des Gotthards Schlünden,
Dass allen Ruderern das Herz entsank,
Und meinten alle, elend zu ertrinken.
Da hört ich's, wie der Diener einer sich
2235 Zum Landvogt wendet' und die Worte sprach:
Ihr sehet Eure Not und unsre, Herr,
Und dass wir all am Rand des Todes schweben –
Die Steuerleute aber wissen sich
Für großer Furcht nicht Rat und sind des Fahrens
2240 Nicht wohl berichtet[2] – nun aber ist der Tell
Ein starker Mann und weiß ein Schiff zu steuern,
Wie, wenn wir sein jetzt brauchten in der Not?
Da sprach der Vogt zu mir: Tell, wenn du dir's
Getrautest, uns zu helfen aus dem Sturm,
2245 So möcht ich dich der Bande wohl entled'gen.
Ich aber sprach: Ja, Herr, mit Gottes Hilfe
Getrau ich mir's, und helf uns wohl hiedannen[3].
So ward ich meiner Bande los und stand
Am Steuerruder und fuhr redlich[4] hin.
2250 Doch schielt ich seitwärts, wo mein Schießzeug lag,
Und an dem Ufer merkt ich scharf umher,
Wo sich ein Vorteil auftät zum Entspringen.

---

[1] Schiffsschnabel (Bug und Heck)
[2] nicht kundig
[3] von hier weg
[4] geschickt

Und wie ich eines Felsenriffs gewahre,
Das abgeplattet vorsprang in den See –
2255 FISCHER. Ich kenn's, es ist am Fuß des großen Axen,
Doch nicht für möglich acht ich's – so gar steil
Geht's an – vom Schiff es springend abzureichen –
TELL. Schrie ich den Knechten, handlich zuzugehn,
Bis dass wir vor die Felsenplatte kämen,
2260 Dort, rief ich, sei das Ärgste überstanden –
Und als wir sie frisch rudernd bald erreicht,
Fleh ich die Gnade Gottes an, und drücke,
Mit allen Leibeskräften angestemmt,
Den hintern Gransen an die Felswand hin –
2265 Jetzt schnell mein Schießzeug fassend, schwing ich selbst
Hochspringend auf die Platte mich hinauf,
Und mit gewalt'gem Fußstoß hinter mich
Schleudr ich das Schifflein in den Schlund der Wasser –
Dort mag's, wie Gott will, auf den Wellen treiben!
2270 So bin ich hier, gerettet aus des Sturms
Gewalt und aus der schlimmeren der Menschen.
FISCHER. Tell, Tell, ein sichtbar Wunder hat der Herr
An Euch getan, kaum glaub ich's meinen Sinnen –
Doch saget! Wo gedenkt Ihr jetzt hin,
2275 Denn Sicherheit ist nicht für Euch, wofern
Der Landvogt lebend diesem Sturm entkommt.
TELL. Ich hört ihn sagen, da ich noch im Schiff
Gebunden lag, er woll bei Brunnen landen,
Und über Schwyz nach seiner Burg mich führen.
2280 FISCHER. Will er den Weg dahin zu Lande nehmen?
TELL. Er denkt's.
FISCHER.   O so verbergt Euch ohne Säumen,
Nicht zweimal hilft Euch Gott aus seiner Hand.
TELL. Nennt mir den nächsten Weg nach Arth und Küßnacht.
FISCHER. Die offene Straße zieht sich über Steinen,
2285 Doch einen kürzern Weg und heimlichern
Kann Euch mein Knabe über Lowerz führen.
TELL *(gibt ihm die Hand)*.
Gott lohn Euch Eure Guttat. Lebet wohl.
(Geht und kehr wieder um)
– Habt Ihr nicht auch im Rütli mitgeschworen?
Mir deucht, man nannt Euch mir –

FISCHER.   Ich war dabei,
2290   Und hab den Eid des Bundes mit beschworen.
TELL. So eilt nach Bürglen, tut die Lieb mir an,
       Mein Weib verzagt um mich, verkündet ihr,
       Dass ich gerettet sei und wohlgeborgen.
FISCHER. Doch wohin sag ich ihr, dass Ihr geflohn?
2295 TELL. Ihr werdet meinen Schwäher[1] bei ihr finden
       Und andre, die im Rütli mitgeschworen –
       Sie sollen wacker sein und guten Muts,
       Der Tell sei f r e i und seines Armes mächtig,   *Drohung*
       Bald werden sie ein Weitres von mir hören.
2300 FISCHER. Was habt Ihr im Gemüt? Entdeckt mir's frei.
TELL. Ist es getan, wird's auch zur Rede kommen. *(Geht ab)*
FISCHER. Zeig ihm den Weg, Jenni – Gott steh ihm bei!
       Er führt's zum Ziel, was er auch unternommen. *(Geht ab)*

Zweite Szene

Edelhof zu Attinghausen

Der Freiherr, in einem Armsessel, sterbend. Walter Fürst, Stauffa-
cher, Melchthal und Baumgarten um ihn beschäf-
tigt. Walter Tell knieend vor dem Sterbenden.

WALTER FÜRST. Es ist vorbei mit ihm, er ist hinüber.
2305 STAUFFACHER. Er liegt nicht wie ein Toter – Seht, die Feder[2]
       Auf seinen Lippen regt sich! Ruhig ist
       Sein Schlaf und friedlich lächeln seine Züge.
       (Baumgarten geht an die Türe und spricht mit jemand)
WALTER FÜRST *(zu Baumgarten)*. Wer ist's?
BAUMGARTEN *(kommt zurück)*. Es ist Frau Hedwig, Eure Toch-
       Sie will Euch sprechen, will den Knaben sehn.   [ter,
       (Walter Tell richtet sich auf)
2310 WALTER FÜRST. Kann ich sie trösten? Hab ich selber Trost?
       Häuft alles Leiden sich auf meinem Haupt?

---

[1] Schwiegervater
[2] Die Flaumfeder auf dem Mund des Sterbenden zeigt, ob er noch
     atmet.

HEDWIG *(hereindringend).*

Wo ist mein Kind? Lasst mich, ich muss es sehn –

STAUFFACHER.

Fasst Euch, bedenkt, dass Ihr im Haus des Todes –

HEDWIG *(stürzt auf den Knaben).* Mein Wälty! O er lebt mir.

WALTER TELL *(hängt an ihr).*   Arme Mutter!

2315 HEDWIG. Ist's auch gewiss? Bist du mir unverletzt?

(Betrachtet ihn mit ängstlicher Sorgfalt)

Und ist es möglich? Konnt er auf dich zielen?

Wie konnt er's? O er hat kein Herz – Er konnte

Den Pfeil abdrücken auf sein eignes Kind!

WALTER FÜRST. Er tat's mit Angst, mit schmerzzerrissner Seele,

2320 Gezwungen tat er's, denn es galt das Leben.

HEDWIG. O hätt er eines Vaters Herz, eh ers

Getan, er wäre tausendmal gestorben!

STAUFFACHER. Ihr solltet Gottes gnäd'ge Schickung preisen,

Die es gut gelenkt –

HEDWIG.   Kann ich vergessen,

2325 Wie's hätte kommen können – Gott des Himmels!

Und lebt ich achtzig Jahr – Ich seh den Knaben ewig

Gebunden stehn, den Vater auf ihn zielen,

Und ewig fliegt der Pfeil mir in das Herz.

MELCHTHAL. Frau, wüsstet Ihr, wie ihn der Vogt gereizt!

2330 HEDWIG. O rohes Herz der Männer! Wenn ihr Stolz

Beleidigt wird, dann achten sie nichts mehr,

Sie setzen in der blinden Wut des Spiels

Das Haupt des Kindes und das Herz der Mutter!

BAUMGARTEN. Ist Eures Mannes Los nicht hart genug,

2335 Dass Ihr mit schwerem Tadel ihn noch kränkt?

Für seine Leiden habt ihr kein Gefühl?

HEDWIG *(kehrt sich nach ihm um und sieht ihn mit einem großen*
Blick an).

Hast du nur Tränen für des Freundes Unglück?

– Wo waret ihr, da man den Trefflichen

In Bande schlug? Wo war da eure Hilfe?

2340 Ihr sahet zu, ihr ließt das Grässliche geschehn,

Geduldig littet ihr's, dass man den Freund

Aus eurer Mitte führte – Hat der Tell

Auch so an euch gehandelt? Stand er auch

Bedaurend da, als hinter dir die Reiter

₂₃₄₅   Des Landvogts drangen, als der wüt'ge See
        Vor dir erbrauste? Nicht mit müß'gen Tränen
        Beklagt' er dich, in den Nachen sprang er, Weib
        und Kind vergaß er und befreite dich –
WALTER FÜRST. Was konnten wir zu seiner Rettung wagen,
₂₃₅₀   Die kleine Zahl, die unbewaffnet war!
HEDWIG *(wirft sich an seine Brust).*
        O Vater! Und auch du hast ihn verloren!
        Das Land, wir alle haben ihn verloren!
        Uns allen fehlt er, ach! wir fehlen ihm!
        Gott rette seine Seele vor Verzweiflung.
₂₃₅₅   Zu ihm hinab ins öde Burgverlies
        Dringt keines Freundes Trost – Wenn er erkrankte!
        Ach, in des Kerkers feuchter Finsternis
        Muss er erkranken – Wie die Alpenrose
        Bleicht und verkümmert in der Sumpfesluft,
₂₃₆₀   So ist für ihn kein Leben als im Licht
        Der Sonne, in dem Balsamstrom der Lüfte.
        Gefangen! Er! Sein Atem ist die Freiheit,
        Er kann nicht leben in dem Hauch der Grüfte.
STAUFFACHER. Beruhigt Euch! Wir alle wollen handeln,
₂₃₆₅   Um seinen Kerker aufzutun.
HEDWIG. Was könnt ihr schaffen ohne ihn? – Solang
        Der Tell noch frei war, ja, da war noch Hoffnung,
        Da hatte noch die Unschuld einen Freund,
        Da hatte einen Helfer der Verfolgte,
₂₃₇₀   Euch alle rettete der Tell – Ihr alle
        Zusammen könnt nicht seine Fesseln lösen!
        (Der Freiherr erwacht)
BAUMGARTEN. Er regt sich, still!
ATTINGHAUSEN *(sich aufrichtend).* Wo ist er?
STAUFFACHER.   Wer?
ATTINGHAUSEN.   Er fehlt mir,
        Verlässt mich in dem letzten Augenblick!
STAUFFACHER. Er meint den Junker – Schickte man nach ihm?
₂₃₇₅ Walter Fürst. Es ist nach ihm gesendet – Tröstet Euch!
        Er hat sein Herz gefunden, er ist unser.
ATTINGHAUSEN. Hat er gesprochen für sein Vaterland?
STAUFFACHER. Mit Heldenkühnheit.
ATTINGHAUSEN.   Warum kommt er nicht,

Um meinen letzten Segen zu empfangen?
2380 Ich fühle, dass es schleunig mit mir endet.
STAUFFACHER. Nicht also, edler Herr! Der kurze Schlaf
    Hat Euch erquickt, und hell ist Euer Blick.
ATTINGHAUSEN. Der Schmerz ist Leben, er verließ mich auch,
    Das Leiden ist, so wie die Hoffnung, aus.
    (Er bemerkt den Knaben)
    Wer ist der Knabe?
2385 WALTER FÜRST.   Segnet ihn, o Herr!
    Er ist mein Enkel und ist vaterlos.
    (Hedwig sinkt mit dem Knaben vor dem Sterbenden nieder)
ATTINGHAUSEN. Und vaterlos lass ich euch alle, alle
    Zurück – Weh mir, dass meine letzten Blicke
    Den Untergang des Vaterlands gesehn!
2390 Musst ich des Lebens höchstes Maß erreichen,
    Um ganz mit allen Hoffnungen zu sterben!
STAUFFACHER *(zu Walter Fürst)*.
    Soll er in diesem finstern Kummer scheiden?
    Erhellen wir ihm nicht die letzte Stunde
    Mit schönem Strahl der Hoffnung ? – Edler Freiherr!
2395 Erhebet Euren Geist! Wir sind nicht ganz
    Verlassen, sind nicht rettungslos verloren.
ATTINGHAUSEN. Wer soll euch retten?
    WALTER FÜRST.   Wir uns selbst. Vernehmt!
    Es haben die drei Lande sich das Wort
    Gegeben, die Tyrannen zu verjagen.
2400 Geschlossen ist der Bund, ein heil'ger Schwur
    Verbindet uns. Es wird gehandelt werden,
    Eh noch das Jahr den neuen Kreis beginnt,
    Euer Staub wird ruhn in einem freien Lande.
ATTINGHAUSEN. O saget mir! Geschlossen ist der Bund?
2405 MELCHTHAL. Am gleichen Tage werden alle drei
    Waldstätte sich erheben. Alles ist
    Bereit und das Geheimnis wohlbewahrt
    Bis jetzt, obgleich viel Hunderte es teilen.
    Hohl ist der Boden unter den Tyrannen,
2410 Die Tage ihrer Herrschaft sind gezählt,
    Und bald ist ihre Spur nicht mehr zu finden.
ATTINGHAUSEN. Die festen Burgen aber in den Landen?

MELCHTHAL. Sie fallen alle an dem gleichen Tag.

ATTINGHAUSEN. Und sind die Edeln dieses Bunds teilhaftig?

2415 STAUFFACHER. Wir harren ihres Beistands, wenn es gilt,
    Jetzt aber hat der Landmann nur geschworen.

ATTINGHAUSEN *(richtet sich langsam in die Höhe, mit großem Erstaunen).*
    Hat sich der Landmann solcher Tat verwogen[1],
    Aus eignem Mittel, ohne Hilf der Edeln,
    Hat er der eignen Kraft so viel vertraut –
2420   Ja, dann bedarf es unserer nicht mehr,
    Getröstet können wir zu Grabe steigen,
    Es lebt n a c h uns – durch andre Kräfte will
    Das Herrliche der Menschheit sich erhalten.
    (Er legt seine Hand auf das Haupt des Kindes, das vor ihm auf den Knien liegt)
    Aus diesem Haupte, wo der Apfel lag,
2425   Wird euch die neue bessre Freiheit grünen,
    Das Alte stürzt, es ändert sich die Zeit,
    Und neues Leben blüht aus den Ruinen.

STAUFFACHER *(zu Walter Fürst).*
    Seht, welcher Glanz sich um sein Aug ergießt!
    Das ist nicht das Erlöschen der Natur,
2430   Das ist der Strahl schon eines neuen Lebens.

ATTINGHAUSEN. Der Adel steigt von seinen alten Burgen
    Und schwört den Städten seinen Bürgereid,
    Im Üchtland schon, im Thurgau hat's begonnen,
    Die edle B e r n[2] erhebt ihr herrschend Haupt,
2435   Freiburg ist eine sichre Burg der Freien,
    Die rege Z ü r i c h[2] waffnet ihre Zünfte
    Zum kriegerischen Heer – es bricht die Macht
    Der Könige sich an ihren ew'gen Wällen –
    (Er spricht das Folgende mit dem Ton eines Sehers – seine Rede steigt bis zur Begeisterung)
    Die Fürsten seh ich und die edeln Herrn
2440   In Harnischen herangezogen kommen,
    Ein harmlos Volk von Hirten zu bekriegen.
    Auf Tod und Leben wird gekämpft, und herrlich

---

[1] wagemutig entschlossen

[2] ergänze: „Stadt"

Wird mancher Pass durch blutige Entscheidung.
Der Landmann stürzt sich mit der nackten Brust,
2445 Ein freies Opfer, in die Schar der Lanzen,
Er bricht sie, und des Adels Blüte fällt,
Es hebt die Freiheit siegend ihre Fahne.
(Walter Fürsts und Stauffachers Hände fassend)
Drum haltet fest zusammen – fest und ewig –
Kein Ort der Freiheit sei dem andern fremd –
2450 Hochwachten stellet aus auf euren Bergen,
Dass sich der Bund zum Bunde rasch versammle –
Seid einig – einig – einig –
*(Er fällt in das Kissen zurück – seine Hände halten ent-
seelt noch die andern gefasst. Fürst und Stauffacher be-
trachten ihn noch eine Zeit lang schweigend, dann tre-
ten sie hinweg, jeder seinem Schmerz überlassen. Un-
terdessen sind die Knechte still hereingedrungen, sie
nähern sich mit Zeichen eines stillern oder heftigern
Schmerzens, einige knien bei ihm nieder und weinen
auf seine Hand, während dieser stummen Szene wird
die Burgglocke geläutet)*
(Rudenz zu den Vorigen)
RUDENZ *(rasch eintretend).*
Lebt er? O saget, kann er mich noch hören?
WALTER FÜRST *(deutet hin mit weggewandtem Gesicht).*
Ihr seid jetzt unser Lehensherr und Schirmer,
2455 Und dieses Schloss hat einen andern Namen.
RUDENZ *(erblickt den Leichnam und steht von heftigem
Schmerz ergriffen).*
O güt'ger Gott! – Kommt meine Reu zu spät?
Konnt er nicht wen'ge Pulse länger leben,
Um mein geändert Herz zu sehn?
Verachtet hab ich seine treue Stimme,
2460 Da er noch wandelte im Licht – Er ist
Dahin, ist fort auf immerdar und lässt mir
Die schwere unbezahlte Schuld! – O saget!
Schied er dahin im Unmut gegen mich?
STAUFFACHER. Er hörte sterbend noch, was Ihr getan,
2465 Und segnete den Mut, mit dem Ihr spracht!
RUDENZ *(kniet an dem Toten nieder).*
Ja, heil'ge Reste eines teuren Mannes!

Entseelter Leichnam! Hier gelob ich dir's
In deine kalte Totenhand – Zerrissen
Hab ich auf ewig alle fremden Bande,
2470 Zurückgegeben bin ich meinem Volk,
Ein Schweizer bin ich und ich will es sein –
Von ganzer Seele – – *(Aufstehend)*
                    Trauert um den Freund,
Den Vater aller, doch verzaget nicht!
Nicht bloß sein Erbe ist mir zugefallen,
2475 Es steigt sein Herz, sein Geist auf mich herab,
Und leisten soll euch meine frische Jugend,
Was euch sein greises Alter schuldig blieb.
– Ehrwürd'ger Vater, gebt mir Eure Hand!
Gebt mir die Eurige! Melchthal, auch Ihr!
2480 Bedenkt Euch nicht! O wendet Euch nicht weg!
Empfanget meinen Schwur und mein Gelübde.
WALTER FÜRST. Gebt ihm die Hand. Sein wiederkehrend Herz
Verdient Vertraun.
MELCHTHAL.   Ihr habt den Landmann nichts geachtet.
Sprecht, wessen soll man sich zu Euch versehn?
2485 RUDENZ. O denket nicht des Irrtums meiner Jugend!
STAUFFACHER *(zu Melchthal)*.
Seid einig, war das letzte Wort des Vaters,
Gedenket dessen!
MELCHTHAL.   Hier ist meine Hand!
Des Bauern Handschlag, edler Herr, ist auch
Ein Manneswort! Was ist der Ritter ohne uns?
2490 Und unser Stand ist älter als der Eure.
RUDENZ. Ich ehr ihn, und mein Schwert soll ihn beschützen.
MELCHTHAL. Der Arm, Herr Freiherr, der die harte Erde
Sich unterwirft und ihren Schoß befruchtet,
Kann auch des Mannes Brust beschützen.
RUDENZ.   Ihr
2495 Sollt meine Brust, ich will die eure schützen,
So sind wir einer durch den andern stark.
– Doch wozu reden, da das Vaterland
Ein Raub noch ist der fremden Tyrannei?
Wenn erst der Boden rein ist von dem Feind,
2500 Dann wollen wir's in Frieden schon vergleichen.
(Nachdem er einen Augenblick innegehalten)

Ihr schweigt? Ihr habt mir nichts zu sagen? Wie?
Verdien ich's noch nicht, dass ihr mir vertraut?
So muss ich wider euren Willen mich
In das Geheimnis eures Bundes drängen.
2505 – Ihr habt getagt – geschworen auf dem Rütli –
Ich weiß – weiß alles, was ihr dort verhandelt,
Und was mir nicht von euch vertrauet ward,
Ich hab's bewahrt gleich wie ein heilig Pfand.
Nie war ich meines Landes Feind, glaubt mir,
2510 Und niemals hätt ich gegen euch gehandelt.
– Doch übel tatet ihr, es zu verschieben,
Die Stunde dringt, und rascher Tat bedarf's –
Der Tell ward schon das Opfer eures Säumens –
STAUFFACHER. Das Christfest abzuwarten schwuren wir.
2515 RUDENZ. Ich war nicht dort, ich hab nicht mitgeschworen.
Wartet ihr ab, ich handle.
MELCHTHAL.   Was? Ihr wolltet –
RUDENZ. Des Landes Vätern zähl ich mich jetzt bei,
Und meine erste Pflicht ist, euch zu schützen.
WALTER FÜRST. Der Erde diesen teuren Staub zu geben,
2520 Ist Eure nächste Pflicht und heiligste.
RUDENZ. Wenn wir das Land befreit, dann legen wir
Den frischen Kranz des Siegs ihm auf die Bahre.
– O Freunde! Eure Sache nicht allein,
Ich habe meine eigne auszufechten
2525 Mit dem Tyrannen – Hört und wisst! Verschwunden
Ist meine Berta, heimlich weggeraubt,
Mit kecker Freveltat aus unsrer Mitte!
STAUFFACHER. Solcher Gewalttat hätte der Tyrann
Wider die freie Edle sich verwogen?
2530 RUDENZ. O meine Freunde! Euch versprach ich Hilfe,
Und ich zuerst muss sie von euch erflehn.
Geraubt, entrissen ist mir die Geliebte,
Wer weiß, wo sie der Wütende verbirgt,
Welcher Gewalt sie frevelnd sich erkühnen,
2535 Ihr Herz zu zwingen zum verhassten Band!
Verlasst mich nicht, o helft mir sie erretten –
Sie liebt euch, o sie hat's verdient ums Land,
Dass alle Arme sich für sie bewaffnen –
WALTER FÜRST. Was wollt ihr unternehmen?

Rudenz.   Weiß ich's? Ach!

2540 In dieser Nacht, die ihr Geschick umhüllt,
In dieses Zweifels ungeheurer Angst,
Wo ich nichts Festes zu erfassen weiß,
Ist mir nur dieses in der Seele klar:
Unter den Trümmern der Tyrannenmacht
2545 Allein kann sie hervorgegraben werden,
Die Festen alle müssen wir bezwingen,
Ob wir vielleicht in ihren Kerker dringen.

Melchthal. Kommt, führt uns an. Wir folgen Euch. Warum
Bis morgen sparen, was wir heut vermögen?
Frei war der Tell, als wir im Rütli schwuren,
2550 Das Ungeheure war noch nicht geschehen.
Es bringt die Zeit ein anderes Gesetz,
Wer ist so feig, der jetzt noch könnte zagen!

Rudenz *(zu Stauffacher und Walter Fürst).*
Indes bewaffnet und zum Werk bereit
2555 Erwartet ihr der Berge Feuerzeichen,
Denn schneller als ein Botensegel[1] fliegt,
Soll euch die Botschaft unsers Siegs erreichen,
Und seht ihr leuchten die willkommnen Flammen,
Dann auf die Feinde stürzt, wie Wetters Strahl,
2560 Und brecht den Bau der Tyrannei zusammen. *(Gehen ab)*

Dritte Szene

Die hohle Gasse bei Küßnacht

*Man steigt von hinten zwischen Felsen herunter, und die
Wanderer werden, ehe sie auf der Szene erscheinen, schon
von der Höhe gesehen. Felsen umschließen die ganze
Szene, auf einem der vordersten ist ein Vorsprung mit
Gesträuch bewachsen.*

Tell *(tritt auf mit der Armbrust).* *er spricht mit sich selbst hier*
Durch diese hohle Gasse muss er kommen,
Es führt kein andrer Weg nach Küßnacht – Hier *Christus sagt,*
Vollend ich's – Die Gelegenheit ist günstig. *» es ist vollendet«*
was meint Tell?

---

[1] schnelles Botenschiff *↳ rasche?*

Dort der Holunderstrauch verbirgt mich ihm,
2565 Von dort herab kann ihn mein Pfeil erlangen,
Des Weges Enge wehret den Verfolgern.
Mach deine Rechnung mit dem Himmel, Vogt,
Fort musst du, deine Uhr ist abgelaufen.

Ich lebte still und harmlos – Das Geschoss
2570 War auf des Waldes Tiere nur gerichtet,
Meine Gedanken waren rein von Mord –
Du hast aus meinem Frieden mich heraus
Geschreckt, in gärend Drachengift hast du
Die Milch der frommen Denkart mir verwandelt,
2575 Zum Ungeheuren hast du mich gewöhnt –
Wer sich des Kindes Haupt zum Ziele setzte,
Der kann auch treffen in das Herz des Feinds.

Die armen Kindlein, die unschuldigen,
Das treue Weib muss ich vor deiner Wut
2580 Beschützen, Landvogt – Da, als ich den Bogenstrang
Anzog – als mir die Hand erzitterte –
Als du mit grausam teufelischer Lust
Mich zwangst, aufs Haupt des Kindes anzulegen –
Als ich ohnmächtig flehend rang vor dir,
2585 Damals gelobt ich mir in meinem Innern
Mit furchtbarm Eidschwur, den nur Gott gehört,
Dass meines nächsten Schusses erstes Ziel
Dein Herz sein sollte – Was ich mir gelobt
In jenes Augenblickes Höllenqualen,
2590 Ist eine heil'ge Schuld, ich will sie zahlen.

Du bist mein Herr und meines Kaisers Vogt,
Doch nicht der Kaiser hätte sich erlaubt,
Was du – Er sandte dich in diese Lande,
Um Recht zu sprechen – strenges, denn er zürnet –
2595 Doch nicht, um mit der mörderischen Lust
Dich jedes Greuels straflos zu erfrechen,
Es lebt ein Gott, zu strafen und zu rächen.

Komm du hervor, du Bringer bittrer Schmerzen,
Mein teures Kleinod, jetzt mein höchster Schatz –
2600 Ein Ziel will ich dir geben, das bis jetzt
Der frommen Bitte undurchdringlich war –

Doch d i r soll es nicht widerstehn – Und du,
Vertraute Bogensehne, die so oft
Mir treu gedient hat in der Freude Spielen,
2605 Verlass mich nicht im fürchterlichen Ernst.
Nur jetzt noch halte fest, du treuer Strang,
Der mir so oft den herben Pfeil beflügelt –
Entränn er jetzo kraftlos meinen Händen,
Ich habe keinen zweiten zu versenden.
(Wanderer gehen über die Szene)
2610 Auf dieser Bank von Stein will ich mich setzen,
Dem Wanderer zur kurzen Ruh bereitet –
Denn hier ist keine Heimat – Jeder treibt
Sich an dem andern rasch und fremd vorüber,
Und fraget nicht nach seinem Schmerz – Hier geht
2615 Der sorgenvolle Kaufmann und der leicht
Geschürzte Pilger – der andächt'ge Mönch,
Der düstre Räuber und der heitre Spielmann,
Der Säumer[1] mit dem schwer beladnen Ross,
Der ferne herkommt von der Menschen Ländern,
2620 Denn jede Straße führt ans End der Welt.
Sie alle ziehen ihres Weges fort
An ihr Geschäft – und meines ist der Mord! *(Setzt sich)*

Sonst, wenn der Vater auszog, liebe Kinder,
Da war ein Freuen, wenn er wiederkam,
2625 Denn niemals kehrt er heim, er bracht euch etwas,
War's eine schöne Alpenblume, war's
Ein seltner Vogel oder Ammonshorn[2],
Wie es der Wandrer findet auf den Bergen –
Jetzt geht er einem andern Weidwerk nach,
2630 Am wilden Weg sitzt er mit Mordgedanken,
Des Feindes Leben ist's, worauf er lauert.
– Und doch an e u c h nur denkt er, lieben Kinder,
Auch jetzt – euch zu verteid'gen, eure holde Unschuld
Zu schützen vor der Rache des Tyrannen,
2635 Will er zum Morde jetzt den Bogen spannen! *(Steht auf)*

Ich laure auf ein edles Wild – Lässt sich's
Der Jäger nicht verdrießen, tagelang

---

[1] Führer der Saum-(Last-)Pferde
[2] versteinerte gewundene Schnecke

Umherzustreifen in des Winters Strenge,
Von Fels zu Fels den Wagesprung zu tun,
2640   Hinanzuklimmen an den glatten Wänden,
Wo er sich anleimt mit dem eignen Blut[1],
– Um ein armselig Grattier[2] zu erjagen.
Hier gilt es einen köstlicheren Preis,
Das Herz des Todfeinds, der mich will verderben.
*(Man hört von ferne eine heitre Musik, welche sich
nähert)*

2645   Mein ganzes Leben lang hab ich den Bogen
Gehandhabt, mich geübt nach Schützenregel,
Ich habe oft geschossen in das Schwarze
Und manchen schönen Preis mir heimgebracht
Vom Freudenschießen – Aber heute will ich
2650   Den Meisterschuss tun und das Beste mir
Im ganzen Umkreis des Gebirgs gewinnen.
*(Eine Hochzeit zieht über die Szene und durch den Hohl-
weg hinauf. Tell betrachtet sie, auf seinen Bogen gelehnt, Stüs-
si der Flurschütz gesellt sich zu ihm)*

STÜSSI. Das ist der Klostermeir[3] von Mörlischachen,
Der hier den Brautlauf[4] hält – Ein reicher Mann,
Er hat wohl zehen Senten[5] auf den Alpen.
2655   Die Braut holt er jetzt ab zu Imisee,
Und diese Nacht wird hoch geschwelgt zu Küßnacht.
Kommt mit! 's ist jeder Biedermann geladen.
TELL. Ein ernster Gast stimmt nicht zum Hochzeithaus.
STÜSSI. Drückt Euch ein Kummer, werft ihn frisch vom Herzen,
2660   Nehmt mit, was kommt, die Zeiten sind jetzt schwer.
Drum muss der Mensch die Freude leicht ergreifen.
Hier wird gefreit und anderswo begraben.
TELL. Und oft kommt gar das eine zu dem andern.

---

[1]   Nach den Schweizer Sagen schnitt sich der Gemsenjäger in die
    Fußsohle, damit das Blut ihn vor dem Ausgleiten auf glatten Felsen
    bewahrte.
[2]   Gemse
[3]   Verwalter eines Klosterguts
[4]   Brautfahrt
[5]   zehn Kuhherden

STÜSSI. So geht die Welt nun. Es gibt allerwegen
2665   Unglücks genug – Ein Ruffi[1] ist gegangen
    Im Glarner Land und eine ganze Seite
    Vom Glärnisch eingesunken.
TELL.   Wanken auch
    Die Berge selbst? Es steht nichts fest auf Erden.
STÜSSI. Auch anderswo vernimmt man Wunderdinge.
2670   Da sprach ich einen, der von Baden[2] kam.
    Ein Ritter wollte zu dem König reiten,
    Und unterwegs begegnet ihm ein Schwarm
    Von Hornissen, die fallen auf sein Ross,
    Dass es für Marter tot zu Boden sinkt,
2675   Und er zu Fuße ankommt bei dem König.
TELL. Dem Schwachen ist sein Stachel auch gegeben.
    (Armgard kommt mit mehreren Kindern und stellt sich an den
    Eingang des Hohlwegs)
STÜSSI. Man deutet's auf ein großes Landesunglück,
    Auf schwere Taten wider die Natur.
TELL. Dergleichen Taten bringet jeder Tag,
2680   Kein Wunderzeichen braucht sie zu verkünden.
STÜSSI. Ja, wohl dem, der sein Feld bestellt in Ruh
    Und ungekränkt daheim sitzt bei den Seinen.
TELL. Es kann der Frömmste nicht in Frieden bleiben,
    Wenn es dem bösen Nachbar nicht gefällt.
    (Tell sieht oft mit unruhiger Erwartung nach der Höhe des
    Weges)
2685 STÜSSI. Gehabt Euch wohl – Ihr wartet hier auf jemand?
TELL. Das tu ich.
STÜSSI.   Frohe Heimkehr zu den Euren!
    – Ihr seid aus Uri? Unser gnäd'ger Herr
    Der Landvogt wird noch heut von dort erwartet.
WANDERER *(kommt)*.
    Den Vogt erwartet heut nicht mehr. Die Wasser
2690   Sind ausgetreten von dem großen Regen,
    Und alle Brücken hat der Strom zerrissen. *(Tell steht auf)*
ARMGARD *(kommt vorwärts)*. Der Landvogt kommt nicht!
STÜSSI.   Sucht Ihr was an ihn?

---

[1] Erdrutsch
[2] Burg bei Stein im Kanton Aargau

ARMGARD. Ach freilich!

STÜSSI.   Warum stelltet Ihr Euch denn
In dieser hohlen Gass ihm in den Weg?

2695 ARMGARD. Hier weicht er mir nicht aus, er muss mich hören.

FRIESSHARDT *(kommt eilfertig den Hohlweg herab und ruft in
die Szene)*
Man fahre aus dem Weg – Mein gnäd'ger Herr
Der Landvogt kommt dicht hinter mir geritten.
(Tell geht ab)

ARMGARD *(lebhaft)*. Der Landvogt kommt!
*(Sie geht mit ihren Kindern nach der vordern Szene. Geßler
und Rudolf der Harras zeigen sich zu Pferd auf der Höhe des
Wegs)*

STÜSSI *(zum Frießhardt)*.   Wie kamt ihr durch das Wasser,
Da doch der Strom die Brücken fortgeführt?

2700 FRIESSHARDT. Wir haben mit dem See gefochten, Freund,
Und fürchten uns vor keinem Alpenwasser.

STÜSSI. Ihr wart zu Schiff in dem gewalt'gen Sturm?

FRIESSHARDT. Das waren wir. Mein Lebtag denk ich dran –

STÜSSI. O bleibt, erzählt!

FRIESSHARDT.   Lasst mich, ich muss voraus,
2705   Den Landvogt muss ich in der Burg verkünden. *(Ab)*

STÜSSI. Wärn gute Leute auf dem Schiff gewesen,
In Grund gesunken wär's mit Mann und Maus,
Dem Volk kann weder Wasser bei noch Feuer. *(Er sieht sich
Wo kam der Weidmann hin, mit dem ich sprach?   [um)*
(Geht ab)
(Geßler und Rudolf der Harras zu Pferd)

2710 GESSLER. Sagt, was Ihr wollt, ich bin des Kaisers Diener
Und muss drauf denken, wie ich ihm gefalle.
Er hat mich nicht ins Land geschickt, dem Volk
Zu schmeicheln und ihm sanft zu tun – Gehorsam
Erwartet er, der Streit ist, ob der Bauer
2715   Soll Herr sein in dem Lande oder der Kaiser.

ARMGARD. Jetzt ist der Augenblick! Jetzt bring ich's an!
(Nähert sich furchtsam)

GESSLER. Ich hab den Hut nicht aufgesteckt zu Altorf
Des Scherzes wegen, oder um die Herzen
Des Volks zu prüfen, diese kenn ich längst.
2720   Ich hab in aufgesteckt, dass sie den Nacken

mir lernen beugen, den sie aufrecht tragen –
Das Unbequeme hab ich hingepflanzt
Auf ihren Weg, wo sie vorbeigehn müssen,
Dass sie drauf stoßen mit dem Aug, und sich
2725 Erinnern ihres Herrn, den sie vergessen.
RUDOLF DER HARRAS. Das Volk hat aber doch gewisse Rechte –
GESSLER. Die abzuwägen ist jetzt keine Zeit!
– Weitschicht'ge Dinge sind im Werk und Werden,
Das Kaiserhaus will wachsen, was der Vater
2730 Glorreich begonnen, will der Sohn vollenden.
Dies kleine Volk ist uns ein Stein im Weg –
So oder so – es muss sich unterwerfen.
(Sie wollen vorüber. Die Frau wirft sich vor dem Land-
vogt nieder)
ARMGARD. Barmherzigkeit, Herr Landvogt! Gnade! Gnade!
GESSLER. Was dringt Ihr Euch auf offner Straße mir
In Weg – Zurück!
2735 ARMGARD.   Mein Mann liegt im Gefängnis,
Die armen Waisen schrein nach Brot – Habt Mitleid,
Gestrenger Herr, mit unserm großen Elend.
RUDOLF DER HARRAS.
Wer seid Ihr? Wer ist Euer Mann?
ARMGARD.   Ein armer
Wildheuer[1], guter Herr, vom Rigiberge,
2740 Der überm Abgrund weg das freie Gras
Abmähet von den schroffen Felsenwänden,
Wohin das Vieh sich nicht getraut zu steigen –
RUDOLF DER HARRAS *(zum Landvogt).*
Bei Gott, ein elend und erbärmlich Leben!
Ich bitt Euch, gebt ihn los, den armen Mann,
2745 Was er auch Schweres mag verschuldet haben,
Strafe genug ist sein entsetzlich Handwerk.
(Zu der Frau)
Euch soll Recht werden – Drinnen auf der Burg
Nennt Eure Bitte – Hier ist nicht der Ort.
ARMGARD. Nein, nein, ich weiche nicht von diesem Platz,
2750 Bis mir der Vogt den Mann zurückgegeben!
Schon in den sechsten Mond liegt er im Turm

---

[1] Armer ohne Land

Und harret auf den Richterspruch vergebens.

GESSLER. Weib, wollt Ihr mir Gewalt antun, hinweg.

ARMGARD. Gerechtigkeit, Landvogt! Du bist der Richter
2755 Im Lande an des Kaisers Statt und Gottes.
Tue deine Pflicht! So du Gerechtigkeit
Vom Himmel hoffest, so erzeig sie uns.

GESSLER. Fort, schafft das freche Volk mir aus den Augen.

ARMGARD *(greift in die Zügel des Pferdes).*
Nein, nein, ich habe nichts mehr zu verlieren.
2760 – Du kommst nicht von der Stelle, Vogt, bis du
Mir Recht gesprochen – Falte deine Stirne,
Rolle die Augen, wie du willst – Wir sind
So grenzenlos unglücklich, dass wir nichts
Nach deinem Zorn mehr fragen –

GESSLER.   Weib, mach Platz,
2765 Oder mein Ross geht über dich hinweg.

ARMGARD. Lass es über mich dahingehn – Da –
*(Sie reißt ihre Kinder zu Boden und wirft sich mit ihnen
ihm in den Weg)*   Hier lieg ich
Mit meinen Kindern – Lass die armen Waisen
Von deines Pferdes Huf zertreten werden,
Es ist das Ärgste nicht, was du getan –

RUDOLF DER HARRAS.
2770 Weib, seid Ihr rasend?

ARMGARD *(heftiger fortfahrend).* Tratest du doch längst
Das Land des Kaisers unter deine Füße!
– O ich bin nur ein Weib! Wär ich ein Mann,
Ich wüsste wohl was Besseres, als hier
Im Staub zu liegen –
*(Man hört die vorige Musik wieder auf der Höhe des Wegs,
aber gedämpft)*

GESSLER.   Wo sind meine Knechte?
2775 Man reiße sie von hinnen, oder ich
Vergesse mich und tue, was mich reuet.

RUDOLF DER HARRAS.
Die Knechte können nicht hindurch, o Herr,
Der Hohlweg ist gesperrt durch eine Hochzeit.

GESSLER. Ein allzu milder Herrscher bin ich noch
2780 Gegen dies Volk – die Zungen sind noch frei,
Es ist noch nicht ganz, wie es soll, gebändigt –

Doch es soll anders werden, ich gelob es,
Ich will ihn brechen, diesen starren Sinn,
Den kecken Geist der Freiheit will ich beugen.

2785 Ein neu Gesetz will ich in diesen Landen
Verkündigen – Ich will –
*(Ein Pfeil durchbohrt ihn, er fährt mit der Hand ans Herz
und will sinken. Mit matter Stimme)*
<u>Gott sei mir gnädig!</u> (rone

RUDOLF DER HARRAS.
Herr Landvogt – Gott, was ist das? Woher kam das?
ARMGARD *(auffahrend)*.
Mord! Mord! Er taumelt, sinkt! Er ist getroffen!
Mitten ins Herz hat ihn der Pfeil getroffen!
RUDOLF DER HARRAS *(springt vom Pferde)*.

2790 Welch grässliches Ereignis – Gott – Herr Ritter –
Ruft die Erbarmung Gottes an – Ihr seid
Ein Mann des Todes! –
GESSLER.   Das ist Tells Geschoss.
*(Ist vom Pferd herab dem Rudolf Harras in die Arme gegleitet
und wird auf der Bank niedergelassen)*
TELL *(erscheint oben auf der Höhe des Felsen)*.
Du kennst den Schützen, suche keinen andern!
Frei sind die Hütten, sicher ist die Unschuld

2795 Vor dir, du wirst dem Lande nicht mehr schaden.
(Verschwindet von der Höhe. Volk stürzt herein)
STÜSSI *(voran)*. Was gibt es hier? Was hat sich zugetragen?
ARMGARD. Der Landvogt ist von einem Pfeil durchschossen.
VOLK *(im Hereinstürzen)*. Wer ist erschossen?
*(Indem die vordersten von dem Brautzug auf die Szene
kommen, sind die hintersten noch auf der Höhe, und die
Musik geht fort)*
RUDOLF DER HARRAS.   Er verblutet sich.
Fort, schaffet Hilfe! Setzt dem Mörder nach!

2800 – Verlorner Mann, so muss es mit dir enden,
Doch meine Warnung wolltest du nicht hören!
STÜSSI. Bei Gott! Da liegt er bleich und ohne Leben!
VIELE STIMMEN. Wer hat die Tat getan?
RUDOLF DER HARRAS.   Rast dieses Volk,

2805 Dass es dem Mord Musik macht? Lasst sie schweigen.
(Musik bricht plötzlich ab, es kommt noch mehr Volk nach)

Herr Landvogt, redet, wenn Ihr könnt – Habt Ihr
Mir nichts mehr zu vertraun?
*(Geßler gibt Zeichen mit der Hand, die er mit Heftigkeit
wiederholt, da sie nicht gleich verstanden werden)*
                              Wo soll ich hin?
– Nach Küßnacht? – Ich versteh Euch nicht – O werdet
Nicht ungeduldig – Lasst das Irdische,
Denkt jetzt, Euch mit dem Himmel zu versöhnen.
*(Die ganze Hochzeitgesellschaft umsteht den Sterbenden mit
einem fühllosen Grausen)*

2810 STÜSSI. Sieh, wie er bleich wird – Jetzt, jetzt tritt der Tod
Ihm an das Herz – die Augen sind gebrochen.
ARMGARD *(hebt ein Kind empor)*.
Seht, Kinder, wie ein Wüterich verscheidet!
RUDOLF DER HARRAS. Wahnsinnige Weiber, habt ihr kein Ge-
Dass ihr den Blick an diesem Schrecknis weidet?   [fühl,
2815 – Helft – Leget Hand an – Steht mir niemand bei,
Den Schmerzenspfeil ihm aus der Brust zu ziehn?
WEIBER *(treten zurück)*.
Wir ihn berühren, welchen Gott geschlagen!
RUDOLF DER HARRAS. Fluch treff euch und Verdammnis!
(Zieht das Schwert)
STÜSSI *(fällt ihm in den Arm)*.   Wagt es, Herr!
Eur Walten hat ein Ende. Der Tyrann
2820 Des Landes ist gefallen. Wir erdulden
Keine Gewalt mehr. Wir sind freie Menschen.
ALLE *(tumultuarisch)*. Das Land ist frei.
RUDOLF DER HARRAS.   Ist es dahin gekommen?
Endet die Furcht so schnell und der Gehorsam?
(Zu den Waffenknechten, die hereindringen)
Ihr seht die grausenvolle Tat des Mords,
2825 Die hier geschehen – Hilfe ist umsonst –
Vergeblich ist's, dem Mörder nachzusetzen.
Uns drängen andre Sorgen – Auf, nach Küßnacht,
Dass wir dem Kaiser seine Feste retten!
Denn aufgelöst in diesem Augenblick
2830 Sind aller Ordnung, aller Pflichten Bande,
Und keines Mannes Treu ist zu vertrauen.
*(Indem er mit den Waffenknechten abgeht, erscheinen
sechs Barmherzige Brüder)*

ARMGARD. Platz! Platz! Da kommen die Barmherz'gen Brüder.

STÜSSI. Das Opfer liegt – Die Raben steigen nieder.

BARMHERZIGE BRÜDER *(schließen einen Halbkreis um den Toten und singen in tiefem Ton).*

> Rasch tritt der Tod den Menschen an,
> Es ist ihm keine Frist gegeben,
> Es stürzt ihn mitten in der Bahn,
> Es reißt ihn fort vom vollen Leben,
> Bereitet oder nicht, zu gehen,
> Er muss vor seinen Richter stehen!

(Indem die letzten Zeilen wiederholt werden, fällt der Vorhang)

Fünfter Aufzug

Erste Szene

Öffentlicher Platz bei Altorf

Im Hintergrunde rechts die Feste Zwing Uri mit dem noch stehenden Baugerüste wie in der dritten Szene des ersten Aufzugs; links eine Aussicht in viele Berge hinein, auf welchen allen Signalfeuer brennen. Es ist eben Tagesanbruch, Glocken ertönen aus verschiedenen Fernen.

Ruodi, Kuoni, Werni, Meister Steinmetz und viele andre Landleute, auch Weiber und Kinder

2840 RUODI. Seht ihr die Feuersignale auf den Bergen?
STEINMETZ. Hört ihr die Glocken drüben überm Wald?
RUODI. Die Feinde sind verjagt.
STEINMETZ.   Die Burgen sind erobert.
RUODI. Und wir im Lande Uri dulden noch
    Auf unserm Boden das Tyrannenschloss?
2845   Sind wir die letzten, die sich frei erklären?
STEINMETZ. Das Joch soll stehen, das uns zwingen wollte?
    Auf, reißt es nieder!
ALLE.   Nieder! Nieder! Nieder!
RUODI. Wo ist der Stier von Uri?
STIER VON URI.   Hier, was soll ich?
RUODI. Steigt auf die Hochwacht, blast in Euer Horn,
2850   Dass es weitschmetternd in die Berge schalle,
    Und jedes Echo in den Felsenklüften
    Aufweckend, schnell die Männer des Gebirgs
    Zusammenrufe.
    (Stier von Uri geht ab. Walter Fürst kommt)
WALTER FÜRST.   Haltet, Freunde! Haltet!
    Noch fehlt uns Kunde, was in Unterwalden
2855   Und Schwyz geschehen. Lasst uns Boten erst
    Erwarten.
RUODI.   Was erwarten? Der Tyrann
    Ist tot, der Tag der Freiheit ist erschienen.
STEINMETZ. Ist's nicht genug an diesen flammenden Boten,
    Die ringsherum auf allen Bergen leuchten?

RUODI.

2860 Kommt alle, kommt, legt Hand an, Männer und Weiber!
Brecht das Gerüste! Sprengt die Bogen! Reißt
Die Mauern ein! Kein Stein bleib auf dem andern.

STEINMETZ. Gesellen, kommt! Wir haben's aufgebaut,
Wir wissen's zu zerstören.

ALLE. Kommt! Reißt nieder.
(Sie stürzen sich von allen Seiten auf den Bau)

2865 WALTER FÜRST. Es ist im Lauf. Ich kann sie nicht mehr halten.
(Melchthal und Baumgarten kommen)

MELCHTHAL.

Was? Steht die Burg noch und Schloss Sarnen liegt
In Asche und der Roßberg ist gebrochen?

WALTER FÜRST.

Seid Ihr es, Melchthal? Bringt Ihr uns die Freiheit?
Sagt! Sind die Lande alle rein vom Feind?

MELCHTHAL *(umarmt ihn)*.

2870 Rein ist der Boden. Freut Euch, alter Vater!
In diesem Augenblicke, da wir reden,
Ist kein Tyrann mehr in der Schweizer Land.

WALTER FÜRST. O sprecht, wie wurdet ihr der Burgen mächtig?

MELCHTHAL. Der Rudenz war es, der das Sarner Schloss

2875 Mit männlich kühner Wagetat gewann,
Den Rossberg hatt ich nachts zuvor erstiegen.
– Doch höret, was geschah. Als wir das Schloss
Vom Feind geleert, nun freudig angezündet,
Die Flamme prasselnd schon zum Himmel schlug,

2880 Da stürzt der Diethelm, Geßlers Bub, hervor
Und ruft, dass die Bruneckerin verbrenne.

WALTER FÜRST. Gerechter Gott!
(Man hört die Balken des Gerüstes stürzen)

MELCHTHAL. Sie war es selbst, war heimlich
Hier eingeschlossen auf des Vogts Geheiß.
Rasend erhub sich Rudenz – denn wir hörten

2885 Die Balken schon, die festen Pfosten stürzen,
Und aus dem Rauch hervor den Jammerruf
– Der Unglückseligen.

WALTER FÜRST. Sie ist gerettet?

MELCHTHAL. Da galt Geschwindsein und Entschlossenheit!
– Wär er nur unser Edelmann gewesen,

2890   Wir hätten unser Leben wohl geliebt,
        Doch er war unser Eidgenoss, und Berta
        Ehrte das Volk – So setzten wir getrost
        Das Leben dran, und stürzten in das Feuer.
    WALTER FÜRST. Sie ist gerettet?
    MELCHTHAL.   Sie ist's. Rudenz und ich,
2895   Wir trugen sie selbander[1] aus den Flammen,
        Und hinter uns fiel krachend das Gebälk.
        – Und jetzt, als sie gerettet sich erkannte,
        Die Augen aufschlug zu dem Himmelslicht,
        Jetzt stürzte mir der Freiherr an das Herz,
2900   Und schweigend ward ein Bündnis jetzt beschworen,
        Das fest gehärtet in des Feuers Glut
        Bestehen wird in allen Schicksalsproben –
    WALTER FÜRST. Wo ist der Landenberg?
    MELCHTHAL.   Über den Brünig.
        Nichts lag an mir, dass er das Licht der Augen
2905   Davontrug, der den Vater mir geblendet.
        Nach jagt ich ihm, erreicht ihn auf der Flucht
        Und riss ihn zu den Füßen meines Vaters.
        Geschwungen über ihm war schon das Schwert,
        Von der Barmherzigkeit des blinden Greises
2910   Erhielt er flehend das Geschenk des Lebens.
        Urfehde[2] schwur er, nie zurückzukehren,
        Er wird sie halten, unsern Arm hat er
        Gefühlt.
    WALTER FÜRST. Wohl Euch, dass Ihr den reinen Sieg
        Mit Blute nicht geschändet!
    KINDER *(eilen mit Trümmern des Gerüstes über die Szene)*.
                        Freiheit! Freiheit!
        (Das Horn von Uri wird mit Macht geblasen)
2915 WALTER FÜRST. Seht, welch ein Fest! Des Tages werden sich
        Die Kinder spät als Greise noch erinnern.
        *(Mädchen bringen den Hut auf einer Stange getragen, die
        ganze Szene füllt sich mit Volk an)*
    RUODI. Hier ist der Hut, dem wir uns beugen mussten.

---

[1]   miteinander
[2]   eidliches Versprechen, auf Rache zu verzichten

BAUMGARTEN. Gebt uns Bescheid, was damit werden soll.

WALTER FÜRST. Gott! Unter diesem Hute stand mein Enkel!

2920 MEHRERE STIMMEN. Zerstört das Denkmal der Tyrannenmacht!
Ins Feuer mit ihm!

WALTER FÜRST. Nein, lasst ihn aufbewahren!
Der Tyrannei musst er zum Werkzeug dienen,
Er soll der Freiheit ewig Zeichen sein!
*(Die Landleute, Männer, Weiber und Kinder stehen und
sitzen auf den Balken des zerbrochenen Gerüstes male-
risch gruppiert in einem großen Halbkreis umher)*

MELCHTHAL. So stehen wir nun fröhlich auf den Trümmern
2925 Der Tyrannei, und herrlich ist's erfüllt,
Was wir im Rütli schwuren, Eidgenossen.

WALTER FÜRST. Das Werk ist angefangen, nicht vollendet.
Jetzt ist uns Mut und feste Eintracht not,
Denn seid gewiss, nicht säumen wird der König,
2930 Den Tod zu rächen seines Vogts und den
Vertriebnen mit Gewalt zurückzuführen.

MELCHTHAL. Er zieh heran mit seiner Heeresmacht,
Ist aus dem Innern doch der Feind verjagt,
Dem Feind von außen wollen wir begegnen.

2935 RUODI. Nur wen'ge Pässe öffnen ihm das Land,
Die wollen wir mit unsern Leibern decken.

BAUMGARTEN. Wir sind vereinigt durch ein ewig Band,
Und seine Heere sollen uns nicht schrecken!
(Rösselmann und Stauffacher kommen)

RÖSSELMANN *(im Eintreten).*
Das sind des Himmels furchtbare Gerichte.

2940 LANDLEUTE. Was gibt's?

RÖSSELMANN. In welchen Zeiten leben wir!

WALTER FÜRST.
Sagt an, was ist es? – Ha, seid Ihr's, Herr Werner?
Was bringt Ihr uns?

LANDLEUTE. Was gibt's?

RÖSSELMANN. Hört und erstaunet!

STAUFFACHER. Von einer großen Furcht sind wir befreit –

RÖSSELMANN. Der Kaiser ist ermordet.

WALTER FÜRST. Gnäd'ger Gott!
*(Landleute machen einen Aufstand und umdrängen den
Stauffacher)*

2945 ALLE. Ermordet! Was! Der Kaiser! Hört! Der Kaiser!
MELCHTHAL. Nicht möglich! Woher kam Euch diese Kunde?
STAUFFACHER. Es ist gewiss. Bei Bruck[1] fiel König Albrecht
    Durch Mörders Hand – ein glaubenswerter Mann,
    Johannes Müller, bracht es von Schaffhausen.
2950 WALTER FÜRST. Wer wagte solche grauenvolle Tat?
STAUFFACHER. Sie wird noch grauenvoller durch den Täter.
    Es war sein Neffe, seines Bruders Kind,
    Herzog Johann von Schwaben, der's vollbrachte.
MELCHTHAL. Was trieb ihn zu der Tat des Vatermords?
2955 STAUFFACHER. Der Kaiser hielt das väterliche Erbe
    Dem ungeduldig Mahnenden zurück,
    Es hieß, er denk ihn ganz darum zu kürzen,
    Mit einem Bischofshut ihn abzufinden.
    Wie dem auch sei – der Jüngling öffnete
2960   Der Waffenfreunde bösem Rat sein Ohr,
    Und mit den edeln Herrn von Eschenbach,
    Von Tegerfelden, von der Wart und Palm
    Beschloss er, da er Recht nicht konnte finden,
    Sich Rach zu holen mit der eignen Hand.
2965 WALTER FÜRST. O sprecht, wie ward das Grässliche vollendet?
STAUFFACHER. Der König ritt herab vom Stein zu Baden,
    Gen Rheinfeld, wo die Hofstatt[2] war, zu ziehn,
    Mit ihm die Fürsten, Hans und Leopold,
    Und ein Gefolge hochgeborner Herren.
2970   Und als sie kamen an die Reuß, wo man
    Auf einer Fähre sich lässt übersetzen,
    Da drängten sich die Mörder in das Schiff,
    Dass sie den Kaiser vom Gefolge trennten.
    Drauf, als der Fürst durch ein geackert Feld
2975   Hinreitet – eine alte große Stadt
    Soll drunter liegen aus der Heiden Zeit –
    Die alte Feste Habsburg im Gesicht,
    Wo seines Stammes Hoheit ausgegangen –
    Stößt Herzog Hans den Dolch ihm in die Kehle,
2980   Rudolf von Palm durchrennt ihn mit dem Speer,

---

[1] Stadt im Aargau
[2] Ort, an dem der König Hof hielt

Und Eschenbach zerspaltet ihm das Haupt,
Dass er heruntersinkt in seinem Blut,
Gemordet von den Seinen, auf dem Seinen.
Am andern Ufer sahen sie die Tat,
2985 Doch, durch den Strom geschieden, konnten sie
Nur ein ohnmächtig Wehgeschrei erheben;
Am Wege aber saß ein armes Weib,
In ihrem Schoß verblutete der Kaiser.
MELCHTHAL. So hat er nur sein frühes Grab gegraben,
2990 Der unersättlich alles wollte haben!
STAUFFACHER. Ein ungeheurer Schrecken ist im Land umher,
Gesperrt sind alle Pässe des Gebirgs,
Jedweder Stand verwahret seine Grenzen,
Die alte Zürich selbst schloss ihre Tore,
2995 Die dreißig Jahr lang offen standen, zu,
Die Mörder fürchtend und noch mehr – die Rächer.
Denn mit des Bannes Fluch[1] bewaffnet, kommt
Der Ungarn Königin, die strenge Agnes,
Die nicht die Milde kennet ihres zarten
3000 Geschlechts, des Vaters königliches Blut
Zu rächen an der Mörder ganzem Stamm,
An ihren Knechten, Kindern, Kindeskindern,
Ja an den Steinen ihrer Schlösser selbst.
Geschworen hat sie, ganze Zeugungen[2]
3005 Hinabzusenden in des Vaters Grab,
In Blut sich wie in Maientau zu baden.
MELCHTHAL. Weiß man, wo sich die Mörder hingeflüchtet?
STAUFFACHER. Sie flohen alsbald nach vollbrachter Tat
Auf fünf verschiedenen Straßen auseinander
3010 Und trennten sich, um nie sich mehr zu sehn –
Herzog Johann soll irren im Gebirge.
WALTER FÜRST. So trägt die Untat ihnen keine Frucht!
Rache trägt keine Frucht! Sich selbst ist sie   *Johannes, aber*
Die fürchterliche Nahrung, ihr Genuss   *veilleicht über Tell auch*
3015 Ist Mord, und ihre Sättigung das Grausen.
STAUFFACHER. Den Mördern bringt die Untat nicht Gewinn,
Wir aber brechen mit der reinen Hand

---

[1] Ächtung. Der Geächtete ist für vogelfrei erklärt.
[2] Geschlechter

Des blut'gen Frevels segenvolle Frucht.
Denn einer großen Furcht sind wir entledigt,

3020 Gefallen ist der Freiheit größter Feind
Und wie verlautet, wird das Szepter gehn
Aus Habsburgs Haus zu einem andern Stamm,
Das Reich will seine Wahlfreiheit behaupten.

WALTER FÜRST UND MEHRERE. Vernahmt Ihr was?

STAUFFACHER.   Der Graf von Luxemburg

3025 Ist von den mehrsten Stimmen schon bezeichnet.

WALTER FÜRST. Wohl uns, dass wir beim Reiche treu gehalten,
Jetzt ist zu hoffen auf Gerechtigkeit!

STAUFFACHER. Dem neuen Herrn tun tapfre Freunde not,
Er wird uns schirmen gegen Östreichs Rache.
(Die Landleute umarmen einander)
(Sigrist mit einem Reichsboten)

3030 SIGRIST. Hier sind des Landes würd'ge Oberhäupter.

RÖSSELMANN UND MEHRERE. Sigrist, was gibt's?

SIGRIST.   Ein Reichsbot bringt dies Schreiben.

ALLE *(zu Walter Fürst)*. Erbrecht und leset.

WALTER FÜRST *(liest)*.   „Den bescheidnen Männern
Von Uri, Schwyz und Unterwalden bietet
Die Königin Elsbet Gnad und alles Gutes."

3035 VIELE STIMMEN. Was will die Königin? Ihr Reich ist aus.

WALTER FÜRST *(liest)*.
„In ihrem großen Schmerz und Witwenleid,
Worein der blut'ge Hinscheid ihres Herrn
Die Königin versetzt, gedenkt sie noch
Der alten Treu und Lieb der Schwyzerlande."

3040 MELCHTHAL. In ihrem Glück hat sie das nie getan.

RÖSSELMANN. Still! Lasset hören!

WALTER FÜRST *(liest)*.
„Und sie versieht sich zu dem treuen Volk,
Dass es gerechten Abscheu werde tragen
Vor den verfluchten Tätern dieser Tat.

3045 Darum erwartet sie von den drei Landen,
Dass sie den Mördern nimmer Vorschub tun,
Vielmehr getreulich dazu helfen werden,
Sie auszuliefern in des Rächers Hand,
Der Lieb gedenkend und der alten Gunst,

3050 Die sie von Rudolfs Fürstenhaus empfangen."

(Zeichen des Unwillens unter den Landleuten)
VIELE STIMMEN. Der Lieb und Gunst!
STAUFFACHER. Wir haben Gunst empfangen von dem Vater,
    Doch wessen rühmen wir uns von dem Sohn?
    Hat er den Brief der Freiheit uns bestätigt,
3055   Wie v o r ihm alle Kaiser doch getan?
    Hat er gerichtet nach gerechtem Spruch,
    Und der bedrängten Unschuld Schutz verliehn?
    Hat er auch nur die Boten wollen hören,
    Die wir in unsrer Angst zu ihm gesendet?
3060   Nicht eins von diesem allen hat der König
    An uns getan, und hätten wir nicht selbst
    Uns Recht verschafft mit eigner mut'ger Hand,
    Ihn rührte unsre Not nicht an – Ihm Dank?
    Nicht Dank hat er gesät in diesen Tälern.
3065   Er stand auf einem hohen Platz, er konnte
    Ein Vater seiner Völker sein, doch ihm
    Gefiel es, nur zu sorgen für die Seinen,
    Die er gemehrt hat, mögen um ihn weinen!
WALTER FÜRST. Wir wollen nicht frohlocken seines Falls,
3070   Nicht des empfangnen Bösen j e t z t gedenken,
    Fern sei's von uns! Doch, dass wir r ä c h e n sollten
    Des Königs Tod, der nie uns Gutes tat,
    Und die verfolgen, die uns nie betrübten,
    Das ziemt uns nicht und will uns nicht gebühren,
3075   Die Liebe will ein freies Opfer sein,
    Der Tod entbindet von erzwungnen Pflichten,
    – Ihm haben wir nichts weiter zu entrichten.
MELCHTHAL. Und weint die Königin in ihrer Kammer,
    Und klagt ihr wilder Schmerz den Himmel an,
3080   So seht ihr hier ein angstbefreites Volk
    Zu eben diesem Himmel dankend flehen –
    Wer Tränen ernten will, muss Liebe säen.
    (Reichsbote geht ab)
STAUFFACHER *(zu dem Volk)*.
    Wo ist der Tell? Soll e r allein uns fehlen,
    Der unsrer Freiheit Stifter ist? Das Größte
3085   Hat e r getan, das Härteste erduldet.
    Kommt alle, kommt, nach seinem Haus zu wallen,
    Und rufet Heil dem Retter von uns allen. *(Alle gehen ab)*

Zweite Szene

Tells Hausflur

Ein Feuer brennt auf dem Herd. Die offen stehende Türe zeigt ins Freie.

Hedwig, Walter und Wilhelm

HEDWIG. Heut kommt der Vater. Kinder, liebe Kinder!
Er lebt, ist frei, und wir sind frei und alles!
3090 Und euer Vater ist's, der's Land gerettet.
WALTER. Und ich bin auch dabei gewesen, Mutter!
Mich muss man auch mit nennen. Vaters Pfeil
Ging mir am Leben hart vorbei, und ich
Hab nicht gezittert.
HEDWIG *(umarmt ihn).* Ja, du bist mir wieder
3095 Gegeben! Zweimal hab ich dich geboren!
Zweimal litt ich den Mutterschmerz um dich!
Es ist vorbei – Ich hab euch beide, beide!
Und heute kommt der liebe Vater wieder!
(Ein Mönch erscheint an der Haustüre)
WILHELM. Sieh, Mutter, sieh – dort steht ein frommer Bruder,
3100 Gewiss wird er um eine Gabe flehn.
HEDWIG. Führ ihn herein, damit wir ihn erquicken,
Er fühlt's, dass er ins Freudenhaus gekommen.
(Geht hinein und kommt bald mit einem Becher wieder)
WILHELM *(zum Mönch).*
Kommt, guter Mann. Die Mutter will Euch laben.
WALTER. Kommt, ruht Euch aus und geht gestärkt von dannen.
MÖNCH *(scheu umherblickend, mit zerstörten Zügen).*
3105 Wo bin ich? Saget an, in welchem Lande?
WALTER. Seid Ihr verirret, dass Ihr das nicht wisst?
Ihr seid zu Bürglen, Herr, im Lande Uri,
Wo man hineingeht in das Schächental.
MÖNCH *(zur Hedwig, welche zurückkommt).*
Seid Ihr allein? Ist Euer Herr zu Hause?
3110 HEDWIG. Ich erwart ihn eben – doch was ist Euch, Mann?
Ihr seht nicht aus, als ob Ihr Gutes brächtet.
– Wer Ihr auch seid, Ihr seid bedürftig, nehmt!
(Reicht ihm den Becher)

Deutsche Ehrenverbindung

The Iota Nu Chapter of Delta Phi Alpha – German Honorar
cordially invites you to our

Initiation and Oktoberfest

Sunday, September 25th
2:00 p.m.

19 Vine St. (home of Dr. and Mrs. Hertel)
10-minute walk from campus

Outdoor event under tent in front yard.
Food and drink will be provided.
Dr. Stephen Naumann – snaumann@hillsdale.edu

MÖNCH. Wie auch mein lechzend Herz nach Labung schmach-
    Nichts rühr ich an, bis Ihr mir zugesagt –   [tet,
3115 HEDWIG. Berührt mein Kleid nicht, tretet mir nicht nah,
    Bleibt ferne stehn, wenn ich Euch hören soll.
MÖNCH. Bei diesem Feuer, das hier gastlich lodert,
    Bei Eurer Kinder teurem Haupt, das ich
    Umfasse – *(Ergreift die Knaben)*
HEDWIG.   Mann, was sinnet Ihr? Zurück
3120 Von meinen Kindern! – Ihr seid kein Mönch! Ihr seid
    Es nicht! Der Friede wohnt in diesem Kleide,
    In Euren Zügen wohnt der Friede nicht.
MÖNCH. Ich bin der unglückseligste der Menschen.
HEDWIG. Das Unglück spricht gewaltig zu dem Herzen,
3125 Doch Euer Blick schnürt mir das Innre zu.
WALTER *(aufspringend)*.
    Mutter, der Vater! *(Eilt hinaus)*
HEDWIG.   O mein Gott!
    (Will nach, zittert und hält sich an)
WILHELM *(eilt nach)*.   Der Vater!
WALTER *(draußen)*. Da bist du wieder!
WILHELM *(draußen)*.   Vater, lieber Vater!
TELL *(draußen)*.
    Da bin ich wieder – Wo ist eure Mutter!
    (Treten herein)
WALTER. Da steht sie an der Tür und kann nicht weiter,
3130 So zittert sie vor Schrecken und vor Freude.
TELL. O Hedwig, Hedwig! Mutter meiner Kinder!
    Gott hat geholfen – Uns trennt kein Tyrann mehr.
HEDWIG *(an seinem Halse)*.
    O Tell! Tell! Welche Angst litt ich um dich!
    (Mönch wird aufmerksam)
TELL. Vergiss sie jetzt und lebe nur der Freude!
3135 Da bin ich wieder! Das ist meine Hütte!
    Ich stehe wieder auf dem Meinigen!
WILHELM. Wo aber hast du deine Armbrust, Vater?
    Ich seh sie nicht.
TELL.   Du wirst sie nie mehr sehn.
    An heil'ger Stätte ist sie aufbewahrt,
3140 Sie wird hinfort zu keiner Jagd mehr dienen.
HEDWIG. O Tell! Tell! *(Tritt zurück, lässt seine Hand los)*

TELL. Was erschreckt dich, liebes Weib?

HEDWIG. Wie – wie kommst du mir wieder? – Diese Hand
– Darf ich sie fassen? – Diese Hand – O Gott!

TELL *(herzlich und mutig).*
Hat euch verteidigt und das Land gerettet,

3145 Ich darf sie frei hinauf zum Himmel heben.
(Mönch macht eine rasche Bewegung, er erblickt ihn)
Wer ist der Bruder hier?

HEDWIG. Ach, ich vergaß ihn!
Sprich du mit ihm, mir graut in seiner Nähe.

MÖNCH *(tritt näher).* Seid Ihr der Tell, durch den der Landvogt

TELL. Der bin ich, ich verberg es keinem Menschen.   [fiel?

3150 MÖNCH. Ihr seid der Tell! Ach, es ist Gottes Hand,
Die unter Euer Dach mich hat geführt.

TELL *(misst ihn mit den Augen).*
Ihr seid kein Mönch! Wer seid Ihr?

MÖNCH. Ihr erschlugt
Den Landvogt, der Euch Böses tat – Auch ich
Hab einen Feind erschlagen, der mir Recht

3155 Versagte – Er war Euer Feind wie meiner –
Ich hab das Land von ihm befreit.

TELL *(zurückfahrend).* Ihr seid –
Entsetzen! – Kinder! Kinder geht hinein.
Geh, liebes Weib! Geh! Geh! – Unglücklicher,
Ihr wäret –

HEDWIG. Gott, wer ist es?

TELL. Frage nicht!

3160 Fort! Fort! Die Kinder dürfen es nicht hören.
Geh aus dem Hause – Weit hinweg – Du darfst
Nicht unter e i n e m Dach mit diesem wohnen.

HEDWIG. Weh mir, was ist das? Kommt!
(Geht mit den Kindern)

TELL *(zu dem Mönch).* Ihr seid der Herzog
Von Österreich – Ihr seid's! Ihr habt den Kaiser
Erschlagen, Euern Ohm und Herrn.

3165 JOHANNES PARRICIDA.[1] Er war
Der Räuber meines Erbes.

---

[1] wörtl.: Vater-, Verwandtenmörder

TELL.   Euern Ohm
    Erschlagen, Euern Kaiser! Und Euch trägt
    Die Erde noch! Euch leuchtet noch die Sonne!
PARRICIDA. Tell, hört mich, eh Ihr –
TELL.   Von dem Blute triefend
3170   Des Vatermordes und des Kaisermords,
    Wagst du zu treten in mein reines Haus,
    Du wagst's, dein Antlitz einem guten Menschen
    Zu zeigen und das Gastrecht zu begehren?
PARRICIDA. Bei Euch hofft ich Barmherzigkeit zu finden,
3175   Auch Ihr nahmt Rach an Euerm Feind.
TELL.   Unglücklicher!
    Darfst du der Ehrsucht blut'ge Schuld vermengen
    Mit der gerechten Notwehr eines Vaters?
    Hast du der Kinder liebes Haupt verteidigt?
    Des Herdes Heiligtum beschützt? Das Schrecklichste,
3180   Das Letzte von den Deinen abgewehrt?
    – Zum Himmel heb ich meine reinen Hände,
    Verfluche dich und deine Tat – Gerächt
    Hab ich die heilige Natur, die du
    Geschändet – Nichts teil ich mit dir – Gemordet
3185   Hast du, ich hab mein Teuerstes verteidigt.
PARRICIDA.
    Ihr stoßt mich von Euch, trostlos, in Verzweiflung?
TELL. Mich fasst ein Grausen, da ich mit dir rede.
    Fort! Wandle deine fürchterliche Straße,
    Lass rein die Hütte, wo die Unschuld wohnt.
PARRICIDA *(wendet sich zu gehen)*.
3190   So kann ich, und so will ich nicht mehr leben!
TELL. Und doch erbarmt mich deiner – Gott des Himmels!
    So jung, von solchem adeligen Stamm,
    Der Enkel Rudolfs, meines Herrn und Kaisers,
    Als Mörder flüchtig, hier an meiner Schwelle,
3195   Des armen Mannes, flehend und verzweifelnd –
    (Verhüllt sich das Gesicht)
PARRICIDA. O, wenn Ihr weinen könnt, lasst mein Geschick
    Euch jammern, es ist fürchterlich – Ich bin
    Ein Fürst – ich war's – Ich konnte glücklich werden,
    Wenn ich der Wünsche Ungeduld bezwang.
3200   Der Neid zernagte mir das Herz – Ich sah

Die Jugend meines Vetters Leopold
Gekrönt mit Ehre und mit Land belohnt,
Und mich, der gleiches Alters mit ihm war,
in sklavischer Unmündigkeit gehalten –

3205 TELL. Unglücklicher, wohl kannte dich dein Ohm,
Da er dir Land und Leute weigerte!
Du selbst mit rascher, wilder Wahnsinnstat
Rechtfertigst furchtbar seinen weisen Schluss.
– Wo sind die blut'gen Helfer deines Mords?

3210 PARRICIDA. Wohin die Rachegeister sie geführt,
Ich sah sie seit der Unglückstat nicht wieder.

TELL. Weißt du, dass dich die Acht[1] verfolgt, dass du
Dem Freund verboten und dem Feind erlaubt?

PARRICIDA. Darum vermeid ich alle offne Straßen,
3215 An keine Hütte wag ich anzupochen –
Der Wüste kehr ich meine Schritte zu,
Mein eignes Schrecknis, irr ich durch die Berge,
Und fahre schaudernd vor mir selbst zurück,
Zeigt mir ein Bach mein unglückselig Bild,
3220 O wenn Ihr Mitleid fühlt und Menschlichkeit –
(Fällt vor ihm nieder)

TELL *(abgewendet)*.
Steht auf! Steht auf!

PARRICIDA. Nicht, bis Ihr mir die Hand gereicht zur Hilfe.

TELL. Kann ich Euch helfen? Kann's ein Mensch der Sünde?
Doch stehet auf – Was Ihr auch Grässliches
3225 Verübt – Ihr seid ein Mensch – Ich bin es auch –
Vom Tell soll keiner ungetröstet scheiden –
Was ich vermag, das will ich tun.

PARRICIDA *(aufspringend und seine Hand mit Heftigkeit
ergreifend)*.   O Tell!
Ihr rettet meine Seele von Verzweiflung.

TELL. Lasst meine Hand los – Ihr müsst fort. Hier könnt
3230 Ihr unentdeckt nicht bleiben, könnt entdeckt
Auf Schutz nicht rechnen – Wo gedenkt Ihr hin?
Wo hofft Ihr, Ruh zu finden?

PARRICIDA.   Weiß ich's? Ach!

---

[1] Ächtung. S. Anm. 1, S. 107

TELL. Hört, was mir Gott ins Herz gibt – Ihr müsst fort
Ins Land Italien, nach Sankt Peters Stadt[1],
3235 Dort werft Ihr Euch dem Papst zu Füßen, beichtet
Ihm Eure Schuld und löset Eure Seele.
PARRICIDA. Wird er mich nicht dem Rächer überliefern?
TELL. Was er Euch tut, das nehmet an von Gott.
PARRICIDA. Wie komm ich in das unbekannte Land?
3240 Ich bin des Wegs nicht kundig, wage nicht
Zu Wanderern die Schritte zu gesellen.
TELL. Den Weg will ich Euch nennen, merket wohl!
Ihr steigt hinauf, dem Strom der Reuß entgegen,
Die wildes Laufes von dem Berge stürzt –
PARRICIDA *(erschrickt)*.
3245 Seh ich die Reuß? Sie floss bei meiner Tat.
TELL. Am Abgrund geht der Weg, und viele Kreuze
Bezeichnen ihn, errichtet zum Gedächtnis
Der Wanderer, die die Lawin begraben.
PARRICIDA. Ich fürchte nicht die Schrecken der Natur,
3250 Wenn ich des Herzens wilde Qualen zähme.
TELL. Vor jedem Kreuze fallet hin und büßet
Mit heißen Reuetränen Eure Schuld –
Und seid Ihr glücklich durch die Schreckensstraße,
Sendet der Berg nicht seine Windeswehen,
3255 Auf Euch herab von dem beeisten Joch,
So kommt Ihr auf die Brücke, welche stäubet.
Wenn sie nicht einbricht unter Eurer Schuld,
Wenn Ihr sie glücklich hinter Euch gelassen,
So reißt ein schwarzes Felsentor sich auf,
3260 Kein Tag hat's noch erhellt – da geht Ihr durch,
Es führt Euch in ein heitres Tal der Freude –
Doch schnellen Schritts müsst ihr vorübereilen,
Ihr dürft nicht weilen, wo die Ruhe wohnt.
PARRICIDA. O Rudolf! Rudolf! Königlicher Ahn!
3265 So zieht dein Enkel ein auf deines Reiches Boden!
TELL. So immer steigend, kommt Ihr auf die Höhen
Des Gotthards, wo die ew'gen Seen sind,
Die von des Himmels Strömen selbst sich füllen.

---

[1] Rom

Dort nehmt Ihr Abschied von der deutschen Erde,
3270 Und muntern Laufs führt Euch ein andrer Strom[1]
Ins Land Italien hinab, Euch das gelobte –
(Man hört den Kuhreihen von vielen Alphörnern geblasen)
Ich höre Stimmen. Fort!
HEDWIG *(eilt herein).*   Wo bist du, Tell?
Der Vater kommt! Es nahn in frohem Zug
Die Eidgenossen alle –
PARRICIDA *(verhüllt sich).* Wehe mir!
3275 Ich darf nicht weilen bei den Glücklichen.
TELL. Geh, liebes Weib. Erfrische diesen Mann,
Belad ihn reich mit Gaben, denn sein Weg
Ist weit, und keine Herberg findet er.
Eile! Sie nahn.
HEDWIG.   Wer ist es?
TELL.   Forsche nicht!
3280 Und wenn er geht, so wende deine Augen,
Dass sie nicht sehen, welchen Weg er wandelt!

Parricida geht auf den Tell zu mit einer raschen Bewegung, dieser aber bedeutet ihn mit der Hand und geht. Wenn beide zu verschiedenen Seiten abgegangen, verändert sich der Schauplatz, und man sieht in der

Letzten Szene

den ganzen Talgrund vor Tells Wohnung, nebst den Anhöhen, welche ihn einschließen, mit Landleuten besetzt, welche sich zu einem Ganzen gruppieren. Andre kommen über einen hohen Steg, der über den Schächen führt, gezogen. Walter Fürst mit den beiden Knaben, Melchthal und Stauffacher kommen vorwärts, andre drängen nach; wie Tell heraustritt, empfangen ihn alle mit lautem Frohlocken.

---

[1] der Tessin

ALLE. Es lebe Tell! Der Schütz und der Erretter!
> *(Indem sich die vordersten um den Tell drängen und ihn umarmen, erscheinen noch Rudenz und Berta, jener die Landleute, diese die Hedwig umarmend. Die Musik vom Berge begleitet diese stumme Szene. Wenn sie geendigt, tritt Berta in die Mitte des Volks)*

BERTA. Landleute! Eidgenossen! Nehmt mich auf
In euern Bund, die erste Glückliche,

3285 Die Schutz gefunden in der Freiheit Land.
In eure tapfre Hand leg ich mein Recht,
Wollt ihr als eure Bürgerin mich schützen?

LANDLEUTE. Das wollen wir mit Gut und Blut.

BERTA.   Wohlan!
So reich ich diesem Jüngling meine Rechte,

3290 Die freie Schweizerin dem freien Mann!

RUDENZ. Und frei erklär ich alle meine Knechte.
> *(Indem die Musik von Neuem rasch einfällt, fällt der Vorhang)*

Anhang

1. Geschichte und Dichtung: Wer war Wilhelm Tell?

Der Historiker hat das Wort: Anfänge der Schweizer Eidgenossenschaft

Unmittelbar nach dem Tod Rudolfs I.[1], Anfang August 1291, schlossen die Waldstätten Uri, Schwyz und Unterwalden ein „ewiges Bündnis" zu Schutz und Hilfe gegen Gewalt und Unrecht, das zur Keimzelle der Schweizer
5 Eidgenossenschaft wurde. Sie beriefen sich dabei auf einen älteren, sonst nicht bezeugten Bund. [...] Seitdem in den ersten Jahrzehnten des 13. Jh. der Passweg über den St. Gotthard gangbar wurde als kürzeste Verbindung vom Oberrhein nach Italien, waren die vorher abgelegenen
10 Orte am Vierwaldstätter See für die Reichspolitik wie für die Habsburgische Territorienbildung wichtig geworden. Ihre Rechtsstellung war verschieden. Uri war 1231 von König Heinrich (VII.)[2] aus dem Besitz der Habsburger Grafen losgekauft und ans Reich gebracht
15 worden; als König bestätigte Rudolf ihm 1274 die unveräußerliche Reichsfreiheit. Schwyz bekam sie 1240 von Friedrich II.[3] verbrieft, als er Parteigänger warb; doch behaupteten die Habsburger hier weiterhin Herrschaftsrechte, wie ihnen auch Unterwalden gehörte. Seit Rudolfs
20 Königswahl waren diese Unterschiede unter dem gleichen Herrn kaum spürbar. Ein Bund der drei Gemeinden war nichts Ungewöhnliches; Eidgenossenschaften, Schwurverbände, „conjurationes" gab es damals allenthalben in

---

[1] Rudolf von Habsburg, deutscher König (1273–1291)
[2] Heinrich VII., Sohn des Stauferkaisers Friedrich II. (1210–1250), wird zu Lebzeiten des Vaters deutscher König (1228).
[3] Friedrich II., staufischer Kaiser (s. Anm. 2)

und zwischen den Städten Italiens und Deutschlands oder in Landfriedenseinungen, deren Vorbild nahelag. Das Besondere war, dass hier Bauerngemeinden und Landadel, bald auch Städte sich gemeinsam verschworen, land-
5 fremde Richter, in wessen Dienst und Sold es sei, nicht bei sich zuzulassen. Den Schwyzern hatte König Rudolf das Zugeständnis gemacht, dass nur Leute ihres Tales, jedenfalls keine Unfreien über sie richten sollten. Nach seinem Tod, als Albrechts[4] härteres Regiment zu befürchten war,
10 wollte der Bund von 1291 diese Gewähr gegen fremde Richter allen drei Waldstätten sichern, ohne sich sonst gegen die bestehende Herrschaft auflehnen oder gar einen eigenen Staat bilden zu wollen. Richtete der Bund sich auch vornehmlich gegen die Habsburger, ihre Vögte und
15 Beamten, so ist doch von einem offenen Konflikt bis zu Albrechts Ende noch nichts zu hören. Erst die spätere Überlieferung (1471/72 aufgezeichnet im sogenannten „Weißen Buch von Sarnen" als historische Einleitung zu einer Urkundensammlung) erzählt die Befreiungssage vom
20 Rütlischwur, von Tell und Geßler, als seien im Zusammenhang mit König Albrechts Ermordung in offener Empörung die Zwingburgen gebrochen, die Vögte erschlagen worden. Doch weder 1308 noch 1291, wohin neuere Forscher diese Ereignisse verlegen wollten, ist dergleichen
25 bezeugt; trotz aller Bemühungen haben sich Tell und Geßler nicht als historische Gestalten erweisen lassen. Tatsächlich wurde der anfangs defensive Bund erst schrittweise durch die Ereignisse der Folgezeit, nicht zum wenigsten durch den mehrfachen Dynastiewechsel im
30 Reich, zu wachsender Selbstständigkeit und Aktivität ermutigt.

Aus: Bruno Gebhardt: Handbuch der deutschen Geschichte, Bd. I, hrg. von Herbert Grundmann. Stuttgart: Union Verlag, 8. Auflage, 1965, S. 401f.

---

4   Albrecht I. von Habsburg, deutscher König (1298–1308), der 1308 von seinem Neffen Johann Parricida ermordet wird. Nachfolger Albrechts ist Heinrich VII. von Luxemburg (1308–1313).

... und die Weiterentwicklung im Überblick

1315: Uri, Schwyz, Unterwalden besiegen Leopold I. von Österreich am Berge Morgarten (am Aegerisee).

1331– Freiherr Hans von Attinghusen, Landamtmann in
ca. 1357: Uri, ist führend für die Verbreitung des Bundes tätig.

1351: Zürich tritt der Eidgenossenschaft bei.

1353: Bern tritt der Eidgenossenschaft bei.

1386: Schlacht bei Sempach. Die Eidgenossen besiegen Herzog Leopold III. von Österreich.

1460: Die Eidgenossen erobern den Habsburgischen Thurgau.

1474–77: Burgunderkriege: Die Eidgenossen besiegen Karl den Kühnen in den Schlachten von Grandson, Murten und Nancy.

1499: Schwabenkrieg: Der Sieg der Eidgenossen bedeutet die faktische Loslösung vom Deutschen Reich.

Aus: Die deutsche Geschichte, Bd. 1. Von den Anfängen bis zur Glanzzeit des deutschen Kaisertums. Köln: Lingen Verlag, 1992, S. 136–138.

Bäuerliche Tätigkeiten

Die Bauern machten in Europa bis zum 18. Jahrhundert, also auch in der Zeit, in der die Tell-Handlung spielt, 80 % der Bevölkerung aus. Die meisten Bauern waren nicht frei, sondern einem Herrn hörig. Die folgende Darstellung, im 15. Jahrhundert entstanden, zeigt Tätigkeiten, die das tägliche Leben der Bauern bestimmten.

Frühe Darstellung des 15. Jhs. – Bäuerliche Tätigkeiten

Der ewige Bund von 1291

*Der „Rütlischwur", wie er u.a. auch bei Schiller gestaltet wird,
hat so nicht stattgefunden. Geschichtlich gesichert und durch
die folgende Urkunde verbürgt ist das Bündnis, das die Bewoh-
ner von Uri, Schwyz und Unterwalden im Jahr 1291 schlossen.*
5 *Der Text ist gekürzt.*

Im Namen Gottes Amen. Man sorgt für Ehrbarkeit und ist
auf das öffentliche Wohl bedacht, wenn man Bündnisse zu
gebührendem Bestand der Ruhe und des Friedens bekräftigt.

[1] Es mögen also alle wissen, dass die Leute des Tales Uri
und die Landsgemeinde des Tales von Schwyz und die Gemeinde der Waldleute des unteren Tales in Anbetracht der
Arglist der Zeit, um sich und das Ihre eher zu verteidigen
5 und besser in gebührendem Stand zu bewahren, in guten
Treuen versprochen haben, sich gegenseitig beizustehen mit
Hilfe, Rat und Förderung jeder Art, mit Leib und Gut, inner-
halb und außerhalb der Täler, mit aller Macht und aller An-
strengung, gegen alle und jeden, die ihnen oder einem von
10 ihnen irgendwelche Gewalttat, Beschwerde oder Beleidi-
gung zufügen und gegen ihr Leib und Gut irgendetwas Böses
im Schild führen. Und für jeden Fall hat jede Gemeinde der
anderen gelobt, ihr, wenn Hilfe notwendig, beizuspringen
und, so weit erforderlich, auf eigene Kosten dem Angriff
15 Böswilliger zu widerstehen und Beleidigungen zu rächen. [2]
Sie haben hierüber einen leiblichen Eid geleistet, dies ohne
Hintergedanken zu halten und den alten eidlich bekräftigten
Inhalt des Bundes durch Gegenwärtiges zu erneuern.
[3] Doch soll jedermann nach seinem Stande gehalten sein,
20 seinem Herrn nach Gebühr untertan zu sein und zu dienen.
[4] Wir haben auch in gemeinsamem Ratschlag und mit
einhelligem Beifall einander gelobt, beschlossen und verord-
net, dass wir in den genannten Tälern keinen Richter, der
dies Amt um irgendeinen Preis oder irgendwie um Geld
25 erkauft hätte oder der nicht unser Landsmann wäre, irgendwie annehmen oder anerkennen wollen. [...]
Diese oben geschriebenen, zu gemeinem Nutzen und Wohl
verordneten Bestimmungen sollen, so Gott will, ewig dau-
ern. Zur Bestätigung dessen ist auf Bitten der Vorgenan-
30 nten vorliegende Urkunde ausgefertigt und mit den Siegeln
der drei vorgenannten Gemeinden und Täler bekräftigt
worden. Geschehen im Jahre des Herrn 1291, im Anfang
des Monats August.

Aus: Günter Franz (Hrg.): Quellen zur Geschichte des deutschen Bauernstan-
des im Mittelalter (= Ausgewählte Quellen zur deutschen Geschichte des Mittelalters, Bd. 31. Hg. von Rudolf Buchner): Darmstadt: Wissenschaftliche Buch-
gesellschaft 1967, S. 395–397

Geschichte oder Geschichten? –
Schillers Hauptquelle: Ägidius Tschudi

Friedrich Schiller studierte, bevor er sein Drama „Wilhelm Tell"
schrieb, eine Reihe von Quellen. Vor allem stützte er sich auf das
„Chronicon Helveticum", die „Schweizer Chronik" des Ägidius
Tschudi (1505–1572).

[...]

5 Darnach am Sonntag nach Othmari, was der 18. Winter-
monats, gieng ein redlicher frommer Landmann von Uri,
Wilhelm Tell genannt, (der ouch heimlich in der Pundts
Gsellschafft was) zu Altdorf etlichmal für den uffgehenck-
ten Hut und tett Im kein Reverenz an, wie der Landt-Vogt
10 Geßler gebotten hat. Das ward Ime Landt-Vogt angezeigt. Also morndes darnach am Montag berufft Er den Tellen für sich, fragt In trutzlich, warum er sinen Gebotten nit
gehorsam wäre und dem Künig ouch Ime zu Verachtung
dem Hut keine Reverenz bewisen hette. Der Tell gab Ant-
15 wurt: ‚Lieber Herr, es ist ungewärd [ohne Absicht] und nit
uß Verachtung geschehen; verzichend mirs, wär ich witzig,
so hieß ich nit der Tell [der Einfältige]; bitt umb Gnad, es
soll nit mer geschechen.' Nun was der Tell ein guter Arm-
brust-Schütz, daß man In besser kum fand, und hat hüb-
20 sche Kind, die Im lieb warend; die beschickt der Landt-
Vogt und sprach: ‚Tell, welches unter denen Kinden ist dir
das liebst?' Der Tell antwurt: ‚Herr, si sind mir alle glich
lieb.' Do sprach der Landt-Vogt: ‚Wolan, Tell, du bist ein
guter verruempter [berühmter] Schütz, als ich hör, nun
25 wirst du din Kunst vor mir müssen beweren und diner Kindern einem einen Oepffel ab sinem Houpt müssen
schießen; darumb hab eben Acht, daß du den Oepffel tref-
fest, dann triffst du In nit des ersten Schutzes, so kost es
dich din Leben.' Der Tell erschrack, bat den Landt-Vogt
30 umb Gottes willen, daß er Ine des Schutzes erließe, dann
es unnatürlich wäre, daß Er gegen sinem lieben Kind solte
schießen, Er wölt lieber sterben. Der Landt-Vogt sprach:
‚Das must du tun, oder du und das Kind sterben.' Der Tell
sah wol, daß Ers tun must, bat Gott innigklich, daß Er In
35 und sin Kind behüte. Nam sin Armbrust, spinn [spannte] es,
legt uff den Pfyl und stackt noch ein Pfyl hinden in das

Göller; und legt der Landt-Vogt dem Kind (das nit mer dann 6 Jar alt was) selbs den Oepffel uff sin Houpt. Also schoß der Tell dem Kind den Oepffel ab der Scheitlen des Houpts, daß Er das Kind nie verletzt. Do nun der Schutz
5 geschechen was, verwundert sich der Landt-Vogt des meisterlichen Schutzes, lobt den Tellen siner Kunst und fragt Ine, was das bedüte, daß Er noch ein Pfyl hinden ins Göller gesteckt hatte? Der Tell erschrack aber und gedacht, die Frag bedütet nützit Guts, doch hett Er gern die Sach
10 glimpfflich verantwurt, und sprach, es wäre also der Schützen Gewohnheit. Der Landt-Vogt merkt wol, daß Im der Tell entsaß [sich vor ihm entsetzte] und sprach: ‚Tell, nun sag mir frolich die Warheit und furcht dir nützit darumb, du sollt dins Lebens sicher sin, dann die gegebene Antwurt
15 nimm ich nit an, es wird etwas anders bedut haben.‘ Da redt Wilhelm Tell: ‚Wolan, Herr, sidmalen Ir mich mins Lebens versichert habend, so will ich üch die grundlich Warheit sagen, daß min entliche Meinung gewesen, wann ich min Kind getroffen hette, daß ich üch mit dem andern Pfyl
20 erschossen, und one Zwifel üwer nit gefält wolt haben.‘ Do der Landt-Vogt das hört, sprach Er: ‚Nun wolan, Tell, ich hab dich dins Lebens gesichert, das will ich dir halten; diewil ich aber din bösen Willen gegen mir verstan, so will ich dich füren lassen an ein Ort und allda inlegen, daß du weder
25 Sunn noch Mon nimmerme sechen solt, damit ich vor dir sicher sig.‘ Hieß hiemit sine Diener In fachen und angentz gebunden gen Flülen füren. Er fur ouch mit Inen und nam des Tellen Schießzüg, Kocher, Pfyl und Armbrust ouch mit Im, wolts Im selbs behalten. Also saß der Landt-Vogt sambt
30 den Dienern und dem gebundenen Tellen in ein Schiff, wolt gen Brunnen faren und darnach den Tellen über Land durch Schwitz in sin Schloß gen Küßnach füren und alda in einem finstern Thurn sin Leben lassen enden. Des Tellen Schieß-Züg ward im Schiff uff den Bieten oder Gransen [Schiffs-
35 schnabel] bim Stürruder gelegen.
Wie si nun uff den See kamend und hinuff furend, biß an Achsen das Ecke, do fugt Gott, daß ein solcher grusamer ungestümmer Sturm-Wind infiel, daß si sich all verwegen hattend [darauf gefaßt waren], ärmklich ze ertrinken. Nun
40 was der Tell ein starker Mann und kondt [verstand sich]

vast wol uff dem
Wasser; do sprach
der Dienern einer
zum Landt-Vogt:
5 ‚Herr, Ir sechend üw-
re und unsre Not und
Gfar unsers Lebens,
darinn wir stand, und
daß die Schiff-Meister
10 erschrocken und des

Farens nit wol bericht; nun ist
der Tell ein starker Mann und
kann wol schiffen, man solt In
jetz in der Not bruchen.‘ Der
15 Landt-Vogt war der Wasser-Not
gar erklupfft [sehr in Schrecken
gerathen], sprach zum Tellen:
‚Wann du uns getruwtist uß di-
ser Gfar ze helffen, so wölt ich
20 dich diner Banden ledigen.‘ Der

Tell gab Antwort: ‚Jo,
Herr, ich getruwe uns
mit Gottes Hilff wol
hiedannen zu helfen.‘
25 Also ward Er uffge-
bunden, stund an das
Stürruder und fur
redlich dahin; doch
lugt Er allweg uff den
30 Schieß-Züg, der ze
nächst bi Im lag,
und uff ein Vorteil, hi-
nuß zu springen; und
wie Er kam nah zu
35 einer Blatten (die
sidhar den Namen
des Tellen Blatten
behalten, und ein
Heilig Hüßlin dahin
40 gebuwen ist), be-

Drei Holzschnitte mit Szenen aus der
Befreiungsgeschichte. Aus der Schweizer Geschichte des Zürchers Johannes
Stumpf. 1548. Bern, Historisches Mu-
seum. 1. Simultandarstellung von Apfelschuss (mit nacktem Knaben!), Tellen-
sprung und Geßlers Tod, 2. Baumgarten
erschlägt den Landvogt Wolfenschießen
beim geselligen Bade, 3. Der Bundes-
schwur.

ducht Im, daß Er daselbs wol hinuß gespringen und entrün-
nen möcht, schry den Knechten zu, daß sie hantlich zugind,
biß man für dieselb Blatten käme, wann sie hattend das
Bösist überwunden. Und als Er nebent die Blatten kam,
truckt Er den hindern Gransen mit Macht (wie er dann ein
5 starker Mann was) an die Blatten, erwischt sin Schieß-Züg
und sprang hinuß uff die Blatten, stieß das Schiff mit Gwalt
von Im, ließ sie uff dem See schweben und schwencken.
Der Tell aber luff Bergs und Schattens halb [nach der Berg-
und Schattenseite, d. h. ins Gebirge nach Norden] (dann
10 noch kein Schnee gefallen was) über Morsach uß durch das
Land Schwitz, biß uff die Höhe an der Landt-Straß, zwü-
schend Art und Küßnach, da ein hole Gaß ist und Gestüd
[Gesträuch] darob. Darinn lag er verborgen, dann er wußt,
daß der Landt-Vogt alda füryten [vorbeireiten] wurd gen
15 Küßnach zu siner Burg.
Der Landt-Vogt und sin Diener kamend mit großer Not
und Arbeit übern See gen Brunnen, rittend darnach durch
Schwitzer-Land, und wi si der gemelten holen Gassen
nachneten, hört er allerley Anschläg des Landt-Vogts wider
20 Ine. Er aber hat sin Armbrust gespannen und durchschoß
den Landt-Vogt mit einem Pfyl, daß Er ab dem Roß fiel und
von Stund an tod was.

Aus: Ägidius Tschudi: Chronicon Helveticum. Zitiert nach: Friedrich Schiller:
Wilhelm Tell. Hg. von Klaus Lindemann. Paderborn: Verlag Ferdinand Schöningh,
1980, S. 135–138

„Fast jedes Volk hat seinen Tell" –
Aus dem „Lexikon der populären Irrtümer"

Auch wenn unsere Schweizer Nachbarn das nicht gerne
hören – ihr geliebter Freiheitskämpfer Wilhelm Tell hat nie-
25 mals seine Pfeile durch die Schweizer Luft geschossen –
nach der Mehrheitsmeinung der akademischen Historiker
in- und außerhalb der Schweiz ist der berühmte Held von
Schillers Drama und Rossinis Oper frei erfunden.
Die Folklore sieht das anders. „Anno domini 1307 ließ
30 des römischen Königs Landvogt, der Geßler, am St. Ja-
kobstag zu Altdorf am Platz bei den Linden, wo ein jeder

vorbeigehen musste, eine Stange aufrichten und einen Hut oben draufsetzen", überliefert sie. „Und er ließ den Bewohnern des Landes bei Verlust von Leib und Gut gebieten, dass jeder, der dort vorbeikomme, dem Hut auf der Stange
5 mit Verneigen und Hutabziehen Ehre und Reverenz erweisen müsse, als ob der König oder er selbst persönlich da wäre."

Aber der „redliche und fromme Landmann von Uri, Wilhelm Tell genannt", grüßt diesen Popanz nicht und damit
10 geht das Drama los: Tell wird angezeigt, muss zur Strafe einen Apfel vom Kopf seines Kindes schießen, tut das auch, wird dennoch verhaftet, weil er zugibt, dass er im Falle eines Fehlschusses als Nächstes Geßler getötet hätte, wird per Schiff zu Geßlers Burg gebracht, kann bei einem Sturm
15 entkommen (die berühmte Tellsplatte im Urner See zeigt heute noch die Stelle, wo Tell dem Boot des Landvogtes entsprungen sein soll), eilt dem Landvogt voraus, lauert ihm in der berühmten „hohlen Gasse" auf, und erschießt ihn dort.

20 Diese Legende gibt es in verschiedenen Versionen. In der ältesten, dem sogenannten „Tellenlied" aus der Mitte des 15. Jahrhunderts, wird Tell im See ertränkt; eine andere lässt Tell den Vogt sogleich nach seinem rettenden Sprung vom Schiff, noch von der Tellsplatte aus, erschießen. Und
25 wieder andere Versionen machen Tell sogar zum Schwurgenossen, zum Mitglied des berühmten Geheimbundes, der die Schweizer Urkantone vom Joch der Habsburger befreien wollte.

Gemeinsam ist allen Varianten der Legende die zeitliche
30 Entfernung – das Tellenlied entstand mehr als hundert Jahre nach den fraglichen Ereignissen –, der Mangel bzw. die völlige Abwesenheit von schriftlichen Zeugnissen und eine Fülle von Widersprüchen in der Handlung, welche die Historiker schon früh an der Wahrheit dieser Überlieferung
35 zweifeln ließen (so datiert etwa der Bundesbrief, in dem die Eidgenossen sich zu gegenseitigem Beistand verpflichten, aus dem Jahr 1291; der Landvogt Geßler starb dagegen 1307). Sehr verdächtig ist auch der berühmte Apfelschuss: Dieses zentrale Motiv der Tellgeschichte, der Befehl,
40 einen Apfel vom Kopf des eigenen Kindes zu schießen,

findet sich schon in verschiedenen nordischen Märchen, die weit vor 1300 zurückreichen, und könnte von durchreisenden Kaufleuten in den Schweizer Tälern überliefert worden sein. Denn „nördlich des 54. Breitengrades hat fast
5 jedes Volk seinen Wilhelm Tell", schreibt der französische Historiker Bergier. „Der Schweizer Tell ist bloß, allerdings mit weitem Abstand, der südlichste." Und mit großer Wahrscheinlichkeit genauso erfunden wie die anderen Tellgestalten auch.

Aus: Walter Krämer/Götz Trenkler: Lexikon der populären Irrtümer. Frankfurt am Main: Eichborn Verlag, [13] 1997, S. 339–341

2. Schillers „Tell":
Entstehung und erste Reaktionen

Friedrich Schiller – Stationen seines Lebens

* *10.11.1759 in Marbach am Neckar*
† *9.5.1805 in Weimar*

Es ist kein Zufall, dass die Jugendgeschichte Friedrich Schillers als Stoff für Erzählungen, Romane und Schauspiele diente und sogar verfilmt wurde. Als Sohn eines württembergischen Wundarztes und Offiziers stammte er aus einfachen
5 Verhältnissen. In Marbach am Neckar kann man heute noch das bescheidene Haus besichtigen, in dem Schiller geboren wurde. Nach dem Besuch der Schulen in Lorch und Ludwigsburg hatte er eigentlich Theologie studieren wollen, aber Herzog Karl Eugen von Württemberg, der die Geschicke
10 seiner Untertanen nach eigenem Gutdünken willkürlich bestimmte, schickte den begabten Jungen im Alter von dreizehn Jahren auf die „Karlsschule", wo er Medizin studieren sollte. Schiller war zwar ein tüchtiger Student, litt aber schwer unter dem Druck und dem sturen Drill, der an dieser Mili-
15 tärakademie herrschte. Kritisch beobachtete er das despotische Verhalten des Herzogs und schrieb sich den angestauten Groll gegen dessen Regierungsweise schließlich 1781 in seinem ersten Drama *Die Räuber* vom Herzen. Als das Werk bei seiner Erstaufführung in Mannheim ein ungeheurer Erfolg
20 wurde und Schiller mit einer Bestrafung durch den Herzog rechnen musste, floh er von Württemberg zunächst nach Frankfurt a. M. und verbrachte die nächsten fünf Jahre an wechselnden Orten in bedrückender Armut. Trotzdem verfasste er in dieser Zeit eine Reihe von Gedichten und meh-
25 rere Schauspiele, wie *Kabale und Liebe* (1782), eine erneute Anklage gegen die Willkür der Fürsten, und *Don Carlos* (1787), sein erstes Schauspiel in Jamben (...), die er fortan für alle seine Tragödien verwendete.
1787 wollte er sich in Weimar niederlassen, da er hoffte,
30 dort in der Nähe von Goethe, Wieland und Herder Anregungen für sein literarisches Schaffen zu finden. Dieser Versuch schlug zwar fehl, aber nach der Veröffentlichung ei-

nes Geschichtswerkes über die *Geschichte des Abfalls der Vereinigten Niederlande* erhielt er durch die Vermittlung Goethes eine Professur für Geschichte an der Universität im nahegelegenen Jena übertragen. Seine durch Not, Sorgen
5 und übermäßige Arbeit zerrüttete Gesundheit hinderte ihn an einer regelmäßigen Lehrtätigkeit. Erst durch ein Stipendium von 1000 Talern, das ihm dänische Freunde für drei Jahre vermittelten, besserte sich seine wirtschaftliche Lage, er heiratete und konnte sich unbeschwerter als je zuvor
10 seinen wissenschaftlichen Studien und seinen Dichtungen widmen. Im Studium und in der Auseinandersetzung mit den Schriften des Philosophen Immanuel Kant gelangte er zu philosophischen Erkenntnissen, die auch sein künstlerisches Schaffen beeinflussten. In mehreren Schriften wie *Anmut und*
15 *Würde* (1793) und *Über naive und sentimentalische Dichtung* (1795) legte er die Ergebnisse dieser Einsichten nieder.
Die große Wende in seinem Leben kam 1794, als sich endlich die von ihm ersehnte Freundschaft mit Goethe anbahnte. Der geistige Austausch zwischen den beiden Dichtern,
20 der sich anfangs in zahlreichen Briefen, später in engen persönlichen Kontakten niederschlug, spornte ihn zu dichterischen Höchstleistungen an. In den nun folgenden elf Jahren bis zu seinem Tod schrieb er eine Reihe bedeutender Werke. Dazu zählen Gedichte wie *Das Lied von der Glocke,*
25 das 1823 von Beethoven vertonte *An die Freude, Der Spaziergang* und seine berühmtesten Balladen *Der Ring des Polykrates, Die Bürgschaft* und *die Kraniche des Ibykus,* in denen er mit Vorliebe geschichtliche Stoffe verarbeitete. 1799 übersiedelte er mit seiner Familie von Jena nach Weimar,
30 um in noch engerem Kontakt mit Goethe stehen zu können. Nun entstanden seine Meisterdramen. Im Gegensatz zu seinen frühen Werken, die dem Sturm und Drang zugerechnet werden und in denen er mit der Anklage gegen Willkür und Gewalt seine Gefühle sprechen ließ, griff er in
35 diesen Werken, die zusammen mit den gleichzeitigen Dichtungen Goethes den Höhepunkt der deutschen Klassik bildeten, historische Stoffe auf. In ihnen beschäftigte er sich zugleich aber auch mit dem Problem um die innere Freiheit der Menschen. Nach dreijähriger Arbeit vollendete er 1799
40 *Wallenstein.* Die breit angelegte, gewaltige Handlung dieses

Dramas (drei Teile mit II Akten) gestaltet das Schicksal des Feldherrn und seinen aus einem zögernden Willen heraus erwachsenen Verrat. Es folgten die Dramen *Maria Stuart, Die Jungfrau von Orleans, die Braut von Messina* und schließ-
5 lich 1804 *Wilhelm Tell,* das den Kampf der Schweizer gegen die Unterdrückung schildert. Die letzten Lebensjahre des Dichters waren von Krankheit und Sorgen überschattet. Bei seinem Tode war er in Deutschland bekannter und beliebter als sein Freund und Vorbild Goethe.

Aus: Heinrich Pleticha (Hrsg.): dtv junior Literatur-Lexikon. Stuttgart und Berlin: Deutscher Taschenbuchverlag und Cornelsen Verlag, 9. Aufl., 1996.

Friedrich Schiller. Miniaturbildnis v. Emma Körner, 1812

„Eine verteufelte Aufgabe" – Friedrich Schiller: Brief an seinen Freund Christian Gottfried Körner vom 9. September 1802

Die folgende Briefpassage zeigt, was Schiller am Tell-Stoff reizte, aber auch, mit welchen Schwierigkeiten er zu kämpfen hatte. Ob Schiller sie am Ende bewältigte, wurde von manchen seiner Zeitgenossen noch bezweifelt.

5 [...] Du hast vielleicht schon im vorigen Jahre davon reden hören, dass ich einen Wilhelm Tell bearbeite, denn selbst vor meiner Dresdener Reise wurde deshalb aus Berlin und Hamburg bei mir angefragt. Es war mir niemals in den Sinn gekommen. – Weil aber die Nachfrage nach diesem Stück
10 immer wiederholt wurde, so wurde ich aufmerksam darauf und fing an, Tschudis Schweizerische Geschichte zu studieren. Nun ging mir ein Licht auf, denn dieser Schriftsteller hat einen so treuherzigen herodotischen, ja fast homerischen Geist, dass er einen poetisch zu stimmen im Stand ist.
15 – Ob nun gleich der Tell einer dramatischen Behandlung nichts weniger als günstig scheint, da die Handlung dem Ort und der Zeit nach ganz zerstreut auseinanderliegt, da sie großenteils eine Staatsaktion ist und (das Märchen mit dem Hut u. Apfel ausgenommen) der Darstellung widerstrebt, so
20 habe ich doch bis jetzt so viel poetische Operation damit vorgenommen, dass sie aus dem Historischen heraus u. ins Poetische eingetreten ist. Übrigens brauche ich dir nicht zu sagen, dass es eine verteufelte Aufgabe ist; denn wenn ich auch von allen Erwartungen, die das Publikum u. das Zeital-
25 ter gerade zu diesem Stoff mitbringt, wie billig abstrahiere, so bleibt mir doch eine sehr hohe poetische Forderung zu erfüllen, weil hier ein ganzes, local-bedingtes Volk, ein ganzes und entferntes Zeitalter, und, was die Hauptsache ist, ein ganz örtliches, ja beinah individuelles und einziges Phäno-
30 men mit dem Charakter der höchsten Notwendigkeit und Wahrheit soll zur Anschauung gebracht werden. Indes stehen schon die Säulen des Gebäudes fest und ich hoffe, einen soliden Bau zu Stande zu bringen. [...]

Aus: Schillers Werke. Nationalausgabe. Bd. 31. Schillers Briefe 1801–1802. Hg. von Stefan Ormanns. Weimar: Verlag Hermann Böhlaus Nachfolger, 1985, S. 160 (gekürzt)

Wenn Goethe den „Tell" geschrieben hätte ...
Johann Peter Eckermann: Gespräche mit Goethe in den letzten Jahren seines Lebens

Der Schriftsteller Johann Peter Eckermann (1792–1854) war in Goethes letzten Lebensjahren dessen Vertrauter und literarischer Sekretär. Aus Eckermanns persönlichem Umgang mit Goethe ist das Buch „Gespräche mit Goethe" entstanden. Während eines
5 *dieser Gespräche – 22 Jahre nach Schillers Tod – berichtet der Dichter von seiner Absicht, den Tell-Stoff zu bearbeiten. Die Textausgabe verdeutlicht, wie sich Goethes Vorstellungen von denen Schillers, wie er sie in seinem Drama verwirklicht hat, unterscheiden.*

Sonntag, den 6. Mai 1827

10 Abermalige Tischgesellschaft bei Goethe, wobei dieselbigen Personen zugegen wie vorgestern. Man sprach sehr viel über die „Helena" und den „Tasso". Goethe erzählte uns darauf, wie er im Jahre 1797 den Plan gehabt, die Sage vom Tell als episches Gedicht in Hexametern zu behandeln.
15 „Ich besuchte", sagte er, „im gedachten Jahre noch einmal die kleinen Kantone um den Vierwaldstättersee, und diese reizende, herrliche und großartige Natur machte auf mich abermals einen solchen Eindruck, dass es mich anlockte, die Abwechselung und Fülle einer so unvergleichlichen Landschaft
20 in einem Gedicht darzustellen. Um aber in meine Darstellung mehr Reize, Interesse und Leben zu bringen, hielt ich es für gut, den höchst bedeutenden Grund und Boden mit ebenso bedeutenden menschlichen Figuren zu staffieren, wo denn die Sage vom Tell mir als sehr erwünscht zustatten kam.
25 Den Tell dachte ich mir als einen urkräftigen, in sich selbst zufriedenen, kindlich-unbewussten Heldenmenschen, der als Lastträger die Kantone durchwandert, überall gekannt und geliebt ist, überall hülfreich, übrigens ruhig sein Gewerbe treibend, für Weib und Kinder sorgend und sich nicht
30 kümmernd, wer Herr oder Knecht sei.
Den Geßler dachte ich mir dagegen zwar als einen Tyrannen, aber als einen von der behaglichen Sorte, der gelegentlich Gutes tut, wenn es ihm Spaß macht, und gelegentlich Schlechtes tut, wenn es ihm Spaß macht, und dem üb-
35 rigens das Volk und dessen Wohl oder Wehe so völlig gleichgültige Dinge sind, als ob sie gar nicht existierten.

Das Höhere und Bessere der menschlichen Natur dagegen, die Liebe zum heimatlichen Boden, das Gefühl der
Freiheit und Sicherheit unter dem Schutze vaterländischer
Gesetze, das Gefühl ferner der Schmach, sich von einem
5 fremden Wüstling unterjocht und gelegentlich misshandelt
zu sehen, und endlich die zum Entschluss reifende Wil-
lenskraft, ein so verhasstes Joch abzuwerfen – alles dieses
Höhere und Gute hatte ich den bekannten edlen Männern
Walther Fürst, Stauffacher, Winkelried und anderen zuge-
10 teilt, und dieses waren meine eigentlichen Helden, meine
mit Bewusstsein handelnden höheren Kräfte, während der
Tell und Geßler zwar auch gelegentlich handelnd auftraten,
aber im Ganzen mehr Figuren passiver Natur waren.
Von diesem schönen Gegenstande war ich ganz voll und
15 ich summte dazu schon gelegentlich meine Hexameter. Ich
sah den See im ruhigen Mondschein, erleuchtete Nebel in
den Tiefen der Gebirge. Ich sah ihn im Glanz der lieblichs-
ten Morgensonne, ein Jauchzen und Leben in Wald und
Wiesen. Dann stellte ich einen Sturm dar, einen Gewitter-
20 sturm, der sich aus den Schluchten auf den See wirft. Auch
fehlte es nicht an nächtlicher Stille und an heimlichen Zu-
sammenkünften über Brücken und Stegen.
Von allem diesem erzählte ich Schillern, in dessen Seele sich
meine Landschaften und meine handelnden Figuren zu einem
25 Drama bildeten. Und da ich andere Dinge zu tun hatte und
die Ausführung meines Vorsatzes sich immer weiter ver-
schob, so trat ich meinen Gegenstand Schillern völlig ab, der
denn darauf sein bewundernswürdiges Gedicht schrieb."
[...]

Aus: J. P. Eckermann: Gespräche mit Goethe in den letzten Jahren seines Lebens.
Hg. von Regine Otto. Berlin und Weimar: Aufbau Verlag, [2]1984, S. 544–546

Friedrich Schiller: An Karl Theodor von Dalberg
(mit dem „Wilhelm Tell")

Schiller schickte ein Exemplar des „Tell" an seinen Gönner und
30 *Förderer Karl Theodor von Dalberg, Kurfürst von Mainz – zu-*
sammen mit folgendem Gedicht – in der Absicht, ihm das Stück
zu widmen. Dalberg lehnte höflich ab.

Wenn rohe Kräfte feindlich sich entzweien
Und blinde Wut die Kriegesflamme schürt,
Wenn sich im Kampfe tobender Parteien
Die Stimme der Gerechtigkeit verliert,
5 Wenn alle Laster schamlos sich befreien,
Wenn freche Willkür an das Heil'ge rührt,
Den Anker löst, an dem die Staaten hängen,
– Das ist kein Stoff zu freudigen Gesängen!

Doch wenn ein Volk, das fromm die Herden weidet,
10 Sich selbst genug, nicht fremden Guts begehrt,
Den Zwang abwirft, den es unwürdig leidet,
Doch selbst im Zorn die Menschlichkeit noch ehrt,
Im Glücke selbst, im Siege sich bescheidet,
– Das ist unsterblich und des Liedes wert.
15 Und solch ein Bild darf ich *dir* freudig zeigen:
Du kennst's, denn alles Große ist *dein* eigen.

Aus: Friedrich Schiller: Sämtliche Gedichte. Zweiter Teil. Hg. v. Herbert G. Göpfert. München: Deutscher Taschenbuchverlag, 1965, S. 216f.

„Tell schießt nicht wirklich, sondern schnellt nur ab" – Schiller als Praktiker des Theaters – Schillers Brief an Karl Schwarz, 24.3.1804

Ein Drama ist nicht zum Lesen bestimmt, sondern für eine Auf-
führung auf der Bühne. Vorher sind eine Menge praktischer Fra-
gen zu beantworten, – nach den Kostümen, den Kulissen, der
20 *Rollenbesetzung, noch vielem mehr. Aus dem folgenden Brief*
Schillers ist zu entnehmen, wie das Stück in der Weimarer Urauf-
führung – unter der Leitung Goethes – in Szene gesetzt wurde.

Hiebei erhalten Sie das Manuskript des Wilhelm Tell, so
wie wir das Stück hier in Weimar geben. Wir haben mit 17
25 männlichen Schauspielern 30 männliche, einzeln sprechen-
de Rollen besetzt, ohne dass es nötig gewesen wäre, die
Hauptrollen zu duplieren. Jedes Theater muss sich hierin
nach seinem Personale richten; es kann im Ganzen nichts
darüber bestimmt werden. Ich merke in einem beiliegen-
30 den Blatt bloß die Rollen an, welche durch denselben
Schauspieler können gegeben werden. – Auf ein geschick-

tes Arrangement bei den großen Volksszenen kommt vieles an, und dies kann durch eine schriftliche Vorschrift mitgeteilt werden. Ebenso wenig brauch ich Ihnen vorzuschreiben, wie die Rolle des Tell zu nehmen ist. Die Rol-
5 le erklärt sich selbst: eine edle Simplizität, eine ruhige, gehaltne Kraft ist der Charakter; mithin wenige, aber bedeutende Gestikulation, ein gelassenes Spiel, Nachdruck ohne Heftigkeit, durchaus eine edle schlichte Manneswürde. Dass die Rollen des *Melchthal, W. Fürst, Stauffacher, Atting-*
10 *hausen, Rudenz,* der *Bertha* und *Hedwig* in die besten Hände zu geben sind, brauch ich nicht zu sagen; aber auch die kleineren Rollen, wie *Ruodi* der Fischer, *Baumgarten, Rösselmann, Reding, Johannes von Oestreich, Gertrud* und *Armgart* sind sorgfältig auszuteilen, und besonders ist die Rolle des
15 Knaben *Walther* zu empfehlen. Übrigens verlasse ich mich bei der theatralischen Änderung des Stücks vollkommen auf Ihre Einsicht und Erfahrung. – Vom Kostüme leg ich einige Zeichnungen bei. Übri-
20 gens gilt bei diesem Stücke ganz das Kostüme des Mittelalters, und

Kostümskizze zum Theaterstück von Friedrich Schiller; Stich von Carl Müller, 19. Jahrhundert

das Eigentümliche der alten Schweizertracht ist besonders in den weiten Pumphosen; – die ganz gemeinen Landleute können zum Teil im Hemd, mit bunten Hosenträgern spielen und viele Kleider erspart werden. Auf dem Kopf tragen
5 einige Barette, andere schwarze oder bunte Hüte. – *Johann von Oestreich* ist in weißer Mönchskutte; darunter kann er ein kostbares Ritterkleid und einen mit Edelsteinen besetzten Gürtel tragen, welches nach seiner Erkennung kann gesehen werden. *Stier von Uri* ist auf einer Seite gelb, auf
10 der andern schwarz und führt ein großes Kuhhorn mit Silber beschlagen. – Im Rütli sind es die Schauspieler und nicht die Statisten, welche die Fackeln tragen und den vordern Ring bilden. Tell schießt nicht wirklich, sondern schnellt nur ab, denn der Pfeil kann in der Luft nicht gese-
15 hen werden. – Ich setze nichts hinzu, als dass ich das Stück Ihrer Sorgfalt bestens empfehle.

Aus: Schillers Werke. Nationalausgabe. Bd. 10: Die Braut von Messina. Wilhelm Tell. Die Huldigung der Künste. Hg. von Siegfried Seidel. Weimar: Hermann Böhlaus Nachfolger, 1980, S. 382

„Tells Monolog, das Beste im ganzen Stück" – Schiller reagiert auf Einwände gegen sein Schauspiel

August Wilhelm Iffland (1759–1814), zu seiner Zeit berühmt als Schauspieler und Theaterdirektor, der auch selbst Stücke
20 *schrieb, brachte Schillers „Tell" am 4.7.1804 in Berlin zur Aufführung. Zuvor, am 9. oder 10. April, traf Ifflands Sekretär bei Schiller in Weimar ein und überbrachte eine Art „Fragebogen": Er enthielt Kom-*
25 *mentare, Bemerkungen, Fragen Ifflands, zu denen Schiller Stellung nehmen sollte. Der Absender hatte die rechte Seite seiner Blätter für Schillers Gegenäußerungen frei gelassen. Im Folgenden sind die ent-*
30 *sprechenden Passagen zum vierten und fünften Aufzug des „Tell" abgedruckt.*

Mit diesem zweiten Pfeil durchschoß ich – Euch, Wäre ich mein liebes Kind getroffen hätte.

Iffland als Tell
(III. Akt, 3. Szene).
Kupferstich von Henschel

Ifflands Bemerkungen

Als ich im Lesen an den Monolog Tells kam, ward ich sehr gespannt, als ich auf die zweite Seite geriet, 5 verlor sich diese Spannung; und da der Monolog zu Ende war, bemeisterte sich meiner eine wunderbare Empfindung. Das Bildnis 10 Tells hatte den lieblichen Schimmer verloren, die Vernunft konnte den langsamen, festen Vorsatz des Mordes begreifen; aber ich 15 weiß nicht, was sich inwendig regte und mir zuflüsterte: So lange sollte Tell vor dem Morde nicht da stehen und mit sich allein 20 dabei reden. Freilich heißt dies Reden eigentlich denken und soll nicht Reden bedeuten; allein diese Bemerkung vergisst sich und 25 Tell verliert darüber.

Als im 5. Akt Stauffacher den Mord Kaiser Alberts erzählt, dachte ich, nun werden die Schweizer die 30 Tat verabscheuen, den Schluss fassen, die Mörder nicht aufzunehmen, und dann wird alles zu Tell sich wenden und in der größten 35 Einigung das Stück enden.

Nun war mir es, als hielte sich alles Volk zu lange bei dieser Katastrophe auf und bei dem Briefe der Königin.

Schillers Gegenbemerkungen

Gegen Empfindungen lässt sich durch Argumente nicht streiten. Tells Monolog, das Beste im ganzen Stück, muss sich also selbst 5 erklären und rechtfertigen. Gerade in dieser Situation, welche der Monolog ausspricht, liegt das Rührende des Stücks, und es wäre 10 gar nicht gemacht worden, wenn nicht diese Situation und dieser Empfindungszustand, worin Tell sich in diesem Monolog befindet, 15 dazu bewogen hätten.

Übrigens ist dieser Monolog bei der Vorstellung[1] von einer sehr hohen und allgemeinen Wirkung gewesen, 20 und kein Teil der Rolle war für den Schauspieler so belohnend.

---

[1] in Weimar

Hier kann etwas abgekürzt werden.

Die Erscheinung des Parricidas befremdete mich; was mit ihm vorgeht, gab mir Missgefühl. Es schien mir, als übe Tell sich zu hart. Es führte mich von der Sache weg.

Überhaupt konnte und kann ich des Gedankens mich nicht erwehren, Parricida sollte gar nicht erscheinen, und es sollte überall Tells Wohnung im 5. Akte nicht da sein. Man wird aus dem *Großen gleichsam ins Detail geführt,* und es ist mir, als ginge die Empfindung diesen Gang mit Widerstreben. [...]

Das alles gebe ich dem Ermessen des Dichters anheim, [...]

Parricidas Erscheinung ist der Schlussstein des Ganzen. Tells Mordtat wird durch ihn allein moralisch und poetisch aufgelöst. Neben dem ruchlosen Mord aus Impietät und Ehrsucht steht nunmehr Tells notgedrungne Tat, sie erscheint schuldlos in der Zusammenstellung mit einem ihr so ganz unähnlichen Gegenstück, und die Hauptidee des ganzen Stücks wird eben dadurch ausgesprochen, nämlich:

„Das Notwendige und Rechtliche der Selbsthilfe in einem streng bestimmten Fall."

Das poetisch Große liegt überall nicht in der Masse, sondern in dem Gehalt der Situationen und in der tragischen Dignität der Charaktere. Wenn Tell und seine Familie nicht der interessanteste Gegenstand im Stücke sind und bleiben, wenn man auf etwas anderes begieriger sein könnte als auf ihn, so wäre die Absicht des Werks sehr verfehlt worden.

Aus: Schillers Werke. Nationalausgabe. Bd. 10, a.a.O., S. 457–459

Erste Eindrücke und Urteile I:
Schillers Freund Körner nach der Lektüre
des „Tell" (Brief vom 17.4.1804)

Der Stoff hatte manche nicht unbedeutende Schwierigkeiten, die du, wie mir däucht, glücklich überwunden hast. Die Schweizer-Charaktere aus der damaligen Zeit mussten einander ziemlich ähnlich sein, und gleichwohl brauchtest du mehrere Personen, die sich durch bestimmte Umrisse voneinander unterscheiden sollten. Eine so rechtliche Revolution hatte natürlicherweise einen langsamen, bedächtigen Gang, aber in unsern Tagen sind wir an stürmische Szenen so gewöhnt, dass die gehaltene Kraft auf dem Theater leicht verkannt wird. – Geßler durfte nicht als Karikatur erscheinen, aber das Widrige an ihm nicht zu sehr gemildert werden. Hassen soll man ihn, aber nicht verachten. Es muss einleuchten, dass auf ihm das ganze Werk der Unterdrückung beruht, dass sein Tod die Schweizer von ihrem gefährlichsten Feinde befreit. Du lässt ihn sehr weislich nur zweimal in den entscheidendsten Momenten auftreten. – Dass Tell seinen Feind nicht im offenen Kampfe tötet, sondern auf der Straße auf ihn lauert, macht an sich einen fatalen Eindruck, und du hast alles in dem vorhergehenden Monolog aufgeboten, um diese Situation zu heben. Besonders ist es dir sehr gelungen, Tells Widerwillen gegen einen solchen Mord auf eine Art anzudeuten, die seinen Charakter nicht schwächt. Überhaupt ist die biedere Anspruchslosigkeit in Tell sehr glücklich mit seinem Heroismus gemischt. – Johannes Parricida trägt als Gegenstück des Tell am Schlusse viel zur Befriedigung bei. In der Darstellung überhaupt möchte ich nichts anders haben. Das Gemälde ist reich, aber doch nichts entbehrlich, vielmehr hast du vielleicht noch manches abgekürzt, wobei man gerne mit Liebe verweilt hätte. – Der Dialog ist weniger geschmückt als in deinen früheren Werken, so wie es hier der Stoff erfordert. Nur in der ersten Szene des vierten Akts spricht vielleicht der Fischer noch zu poetisch. – Die Einmischung der schweizerischen Provinzialworte und die vielen Lokalzüge geben dem Ganzen eine sehr willkommene Individualität.

Aus: Schillers Werke. Nationalausgabe. Bd. 10, a.a.O., S. 521f.

Erste Eindrücke und Urteile II:
Eine Adelige nach der Weimarer Uraufführung
vom 17. März 1804:
„Ich dachte, die Hitze würde mich umbringen"

Schillers „Tell" wurde am 17. März am Weimarer Hoftheater
uraufgeführt. Es war ein großer Erfolg beim Publikum. Die fol-
gende Briefstelle einer jungen Adligen vermittelt jedoch eine
eher skeptische Sicht.

5 Da ich den großen, man könnte ihn auch den langen „Tell"
nennen, glücklich ausgehalten habe, so kann ich ihn auch
loben; denn ich dachte, die Hitze würde mich umbringen,
weil es ganz gedrängt voll Menschen war, und der größte
Spaß an diesem Tag waren die vielen Kutschen und Reiter,
10 auch Fußgänger, welche alle die jenaische Straße herbeika-
men. Da war es billig, dass sie nicht für drei, sondern für
fünf Stunden Vergnügen bekamen, um sie recht zu sättigen.
– Die Geschichte von Tell selbst ist, dünkt mich, für sich
immer interessant genug, und es war durch die Dekoration
15 gesorgt, wiewohl mit aller meyerischen und goetheschen
Steifigkeit, uns recht in die Schweiz zu versetzen. Gleich bei
Eröffnung des Vorhangs der Fischer auf dem See unten im
Kahn, der Gämsenjäger auf der Höh' auf einem schönen
Abhang und gegen ihm über der Hirte sitzend, auch auf
20 einem Felsenstück, singen und bleiben so unbeweglich, dass
man vergehen möchte. Fragst du endlich nach den Dialo-
gen, so muss ich mit Seufzen antworten: Zu lang, viel zu
lang! Wir haben für zwei Tage genug gehabt und sind den
Montag, da es zum andern Mal gegeben wurde, weggeblie-
25 ben. Da ist auch etwas weggelassen worden und hat es nur
bis 3/4 auf 10 Uhr gedauert. So wollen wir's übermorgen
wieder sehen. Des Wilhelm Tell eigentliche Geschichte
fängt sich erst mit dem dritten Akt an. Die Prinzess *[Karo-*
line Luise] findet, dass das Stück kein Ganzes wäre, sondern
30 aus mehrern bestünde, und sie hat auch Recht. Im zweiten
Akt der lange Bund der Eidgenossenschaft, wobei in der
Wirklichkeit nicht der dritte Teil von Worten nötig war,
dann zwischen Tells Geschichte noch ein langweiliger

Schweizer Prophet, den man lieber hinter dem Theater
sterben sähe – denn sterben muss er, man weiß nicht, warum. Dann noch eine Liebesgeschichte eines jungen, ausge-
arteten Schweizers, den die Geliebte wieder durch viele
5 hohe Worte zur Raison und in sein Vaterland bringt. Dann
kommt wieder Herzog Albrecht vor, der den Kaiser ermordet hat. Und zuletzt wäre es doch schade gewesen,
wenn Tell, dessen starker Charakter ziemlich gut gehalten
war, da er nur handelt und wenig spricht, nicht auch noch
10 ein langes Monolog halten sollte, woraus, wie aus allem, nur
Schiller spricht und nicht der Mann selbst. – Prinzesschen
hatte sich sehr darauf gefreut und war schon ein paar Tage
zuvor in großer Agitation, wie es einem in ihrem Alter begegnen kann; aber die heißen fünf Stunden haben sie doch
auch mürbe und kleinlaut gemacht.

Brief Henriette von Knebels an ihren Bruder Karl Ludwig v. 22.3.1804.
Aus: Schillers Werke. Nationalausgabe. Bd. 10, a.a.O.; S. 522

3. Tell und die Schweiz: immer wieder Tell

Bis heute begegnet man in der Schweiz immer wieder der Fi-
gur Wilhelm Tells, dem Symbol für Freiheit und Unabhängigkeit.
Bildliche Darstellungen, Denkmäler und Gedenkstätten, Festre-
den und literarische Texte, Souvenirs und Reiseführer zeigen,
dass der Mythos Tell – wesentlich auch durch Schiller bedingt –
lebendig ist. Die Versuche, Tell als Nationalheld zu entthronen,
änderten bisher nichts daran. Die folgenden Texte und Bilder
zeugen von der Vielfalt der Auseinandersetzungen mit einer Fi-
gur, deren Existenz geschichtlich nicht verbürgt ist.

Ferdinand
Hodler
(1853–1918):
Wilhelm Tell.
Entstanden
1897.
225×195 cm

Tell als Denkmal

Richard Kissling
beim Aufbau des
Gussmodells für
das Altdorfer
Denkmal.

„Wilhelm Tell ist als freiheitsstolzer, kühner, entschlossener Mann in der landesüblichen Bauerntracht seiner Zeit darzustellen", lautet der im Zuge der Jubiläumswelle von 1891 ausgeschriebene Wettbewerbsauftrag für ein Denkmal auf
5 dem Marktplatz in Altdorf. Aus den vier Entwürfen der Endrunde wählt die Kunstkommission schließlich den Tell des Solothurner Bildhauers Richard Kissling aus.

Aus: Utz, Peter: Die ausgehöhlte Gasse. Stationen der Wirkungsgeschichte von Schillers „Wilhelm Tell". Königstein/Ts: Athenäum 1984, S. 179

Tell als Reiseführer 1844

Über weite Passagen seines Reiseführers „Die Schweiz" von 1844 orientiert sich K. Bädeker an den Schauplätzen aus Schillers „Tell"-Drama.

„Kaum ist das Boot bei Treib um die Landspitze gefahren,
5 so steigt rechts ein niedriger, zuckerhutartiger Fels, der *Mythenstein,* aus dem See auf. Einige hundert Schritte weiter, am Fuße des *Seelisberges,* ist eine kleine grüne Wiese, das *Rütli* oder *Grütli* genannt, mit Bäumen und einigen Häuschen, in den See hineinreichend. Walther Fürst von
10 Altdorf beschreibt sie in *Schillers Tell* dem Werner Stauffacher von Schwyz so:
,– – Links am See, wenn man
Nach Brunnen fährt, dem Mythenstein grad' über,
Liegt eine Matte heimlich im Gehölz,
15 Das *Rütli* heißt sie bei dem Volk der Hirten,
Weil dort die Waldung ausgereutet ward.
Dort ist's, wo unsre Landmark und die Eure
Zusammengrenzen, und in kurzer Fahrt
Trägt Euch der leichte Kahn von Schwyz herüber' [...]"

Aus: Bädeker, K.: Die Schweiz. Handbüchlein für Reisende, nach eigener Anschauung und den besten Hülfsquellen bearbeitet. Koblenz, 1844

Tell als Reiseführer 1997

ROUTE 5

Das Tor zum Süden

20 *Luzern – Altdorf – St.-Gotthard-Pass (100 km)*

Die Fahrt von Luzern zum Gotthard ist auch eine Reise in die Vergangenheit, man denke an Tells (oder Schillers?) Spuren bei Küssnacht (Hohle Gasse), am Urner See (Tellsplatte) und in Altdorf, an Gersau, die Minirepublik am Vierwald-
25 stätter See oder an die Alpenfestung Gotthard ...

Küssnacht (441 m; 7000 Einw.), 13 km, ein stattlicher Flecken, umschließt die nördlichste Bucht des Vierwaldstätter Sees. Beachtung verdienen neben der 1963 umgebauten *Barockkirche* (1710) am See das *Rathaus* (1728) und der Gasthof *Engel* (...), ein prächtiger Fachwerkbau (1552). Auf einer bewaldeten Anhöhe über dem Ort liegen die Reste der *Gesslerburg*, einst Stammburg der Ritter von Küssnacht, im Mittelalter eine der mächtigsten Burganlagen in der Schweiz. Ein historischer Zusammenhang mit Tell und Geßler besteht allerdings nicht. Die Namensverbindung kam erst im 19. Jh. zustande: Schiller und die Folgen ...

In der „Hohlen Gasse" erschoss Tell angeblich den Vogt Geßler

Die „Hohle Gasse" mit der *Tellskapelle* von 1638 in Richtung Immensee ist heute noch ein beliebtes Ausflugsziel (vor allem für Schulklassen). Hier soll Wilhelm Tell den verhassten Landvogt mit einem gezielten Schuss zur Strecke gebracht haben.

Hinter *Sisikon* (446 m), das an der Mündung des verträumten Riemenstaldentals liegt, führt ein steiler Weg vom Parkplatz Tellsplatte (508 m) hinab zu der 1570 errichteten, im 19. Jh. umgebauten *Tellskapelle*. Sie steht an jener Stelle, wo der Sage nach Wilhelm Tell mit einem gewaltigen Sprung die Flucht aus Geßlers Boot gelang, und ist mit Fresken zur Tellgeschichte ausgemalt (E. Stückelberg, 1882).

Altdorf setzte dem Freiheitshelden Wilhelm Tell ein Denkmal

Am oberen Ende des Urner Sees liegt *Flüelen* (439 m), 53 km, vor dem Bau der Axenstraße wichtiger Warenumschlagplatz, heute ein kleiner Ferienort. Der Warentransport war früher neben dem Söldnerwesen wichtigste Einnahmequelle der Urner. Seit die Passage der Schöllenschlucht und da-

mit des Gotthardpasses (13. Jh.)
geschaffen wurde, ist die Transit-
strecke ein Politikum.

Altdorf (458 m; 8200 Einw.),
5 56 km, der Hauptort des Kantons
Uri, war Schauplatz des berühmten Apfelschusses. Mitten im Ort
steht denn auch ein Tell-Denkmal
(R. Kissling, 1895), und im *Tellspiel-*
10 *haus* wird alle drei Jahre Schillers
Freiheitsdrama von Laiendarstel-
lern aufgeführt. Wer mehr über
die Geschichte Uris und das bäuerliche Leben in den Bergen er-
15 fahren möchte, sollte einen halben Tag für den Besuch des
Historischen Museums reservieren [...]

Der Schwur auf der Rütli-
wiese am 1. August 1291

Aus: Eugen E. Hüsler: Polyglott-Reiseführer, Zürich, Zentralschweiz, München,
1997, S. 78ff.

Tell als der „brave Mann" der Hohlen Gasse

*In den Jahren 1935–37 wird – ermöglicht durch eine organi-
sierte Aktion – eine Umfahrungsstraße bei Küssnacht gebaut.*
20 *Die „Hohle Gasse" kann so erhalten und restauriert werden.*
Am 17. Oktober 1937 wird diese Hohle Gasse feierlich eröffnet,
Bundesrat Etter hält die Festansprache.

[...] Die Hohle Gasse ist ein Tellendenkmal. Was war denn
der Tell? Der Tell war ein bäumiger Bergbauer von unge-
25 wöhnlicher Kraft, ein kühner Mann und Jäger, der keine
Furcht und keine Angst kannte. Aber das war nicht das
Maßgebende. Der Tell war nicht nur ein starker Mann. Viel
wichtiger war es, dass in seinem Herzen eine große starke
Liebe flammte für seine Familie und sein Land. Der Tell war
30 ein braver Mann. Er hat schon gewusst, dass man nicht
töten darf. Nur aus Rache hätte er den Geßler nicht erschossen. Er hat den Geßler erst erschossen, als er sah,
dass es für seine Familie und für die Freiheit des Landes gar
keine andere Lösung mehr gebe. Geßler hatte den Tell und

„So, wie ein richtiger, alter Hohlweg, mit Bollensteinen belegt und von Felsblöcken umrandet, über die sich echtes Waldgestrüpp rankt, sieht nun die Hohle Gasse wieder aus."

das ganze Volk der drei Waldstätte in die Notwehr getrieben. Wäre Geßler dazu gekommen, seine bösen Absichten auszuführen, so hätte Tells Frau bald keinen Gatten und seine Buben keinen Vater mehr gehabt. Und das Land keinen Tell mehr, keinen Retter mehr, keine Freiheit mehr! Wenn man von außen her die Freiheit eines kleinen Volkes

bedroht und sie angreift, dann hat auch ein kleines Volk das Recht, sich zu wehren. Nicht nur das Recht, sondern die Pflicht! Es soll mir keiner kommen und sagen, die Geschichte von Tell sei nur eine schöne Sage! Der Tell hat
5 gelebt, und ohne Tellengeist wäre der Schweizerbund nie gegründet worden, und ohne Tellengeist gäbe es heute keine freie Schweiz! Der gleiche Tellengeist lebte in den alten Schwyzern, als sie drüben am Morgarten einer gewaltigen Übermacht sich stellten und diese vernichteten. Tel-
10 lengeist ist Liebe zum Land, Liebe zur Freiheit des Landes und Kraft, für das Land sich zu opfern.
Dieser Tellengeist muss in unserem Lande weiterleben. Er muss weiterleben in den Herzen unserer Jugend. In euren Herzen, meine lieben Kinder! [...]

Aus: Hohle Gasse, Eigentum der Schweizer Schuljugend. Geschichtliches über die alte und neue Gasse. Ansprache von Bundesrat Philipp Etter bei der Einweihung. Küssnacht a.R., 1937

Tell als erledigter Mythos

15 „Ich bin, wie Prof. Marcel Beck, der Meinung, dass wir Tell nicht mehr brauchen. Das „Se non è vero, è ben trovato"[1] rettet den Nationalhelden nicht. Der Verlust des Tell-Mythos ändert unser heutiges Denken und Verhalten ebenso wenig wie seine Beibehaltung. Beim Mittagstisch fragte
20 ich vorsichtig meine drei Söhne (die ein Berner Gymnasium besuchen), ob sie schon davon gehört hätten, dass sowohl Tell wie Geßler eventuell nicht existiert hätten. Ihre Antwort: Natürlich, der Geschichtslehrer sagte uns, das sei eine Sage, die aus dem Norden stammt. – Tell hat nicht
25 existiert. Basta. Das Thema war damit erschöpft. Tell ist für diese Schüler kein Problem, sondern ein Schauspiel von Schiller, eine folkloristische Sage, aber keine Symbolfigur heutiger Verhaltensweisen und Hoffnungen."
(Zitat von Kurt Marti)

Aus: Marchi, O.: Schweizer Geschichte für Ketzer oder Die wundersame Entstehung der Eidgenossenschaft. Zürich: Praeger, 1971. Auch als Lizenzausg.: Zürich: Ex Libris, 1971.

---

[1] Wenn auch nicht wahr, so doch gut erfunden

Tell als Umfrageergebnis

Nach dem „Zürcher Krawall" im Jahre 1968 konnten die unruhigsten Gruppen der Schweiz (Studenten, Künstler, Mittelschüler, Rockers, Hippies) im Corbusier-Zentrum ungestört auf wechselnden Wand-Zeitungen und revolu-
5 tionären Flugblättern ihren Willen kundtun: *42-fach konnte man nun auf diesen unzensurierten Anschriften und Aufrufen Tells Name lesen* − den des neuen Helden Che Guevara nur etwa 30-mal. Bakunin, Leary, Dutschke, Ho, Lenin, Mao, Kropotkin, Trotzky[1] usw. folgten mit viel Abstand.
10 Durch Jahrhunderte bringt also dieser erstaunliche Tell eine Leistung fertig, die in der Kulturgeschichte kaum zahlreiche Entsprechungen findet: Zu einem starren, spießbürgerlichen Standbild einer fernen Vergangenheit, einer unverbindlichen „Heldenzeit" erklärt, feiert er in ewig neuer Gestalt, von
15 jedem Geschlecht munter umgedeutet, immer wieder Auf-erstehung im Bewusstsein der unruhigsten Teile der Jugend − wird er prägende Wirklichkeit für die Bauernaufrührer von 1653, die Revolutionäre von 1789, die Gründer des schweizerischen Bundesstaates im 19. Jahrhundert!

Aus: Golowin, S.: Kam Tell draus? In: apero (politerarisches aperiodikum), H. 18, 1972, S. 9−31

Tell als literarische Figur

Gottfried Keller − Der grüne Heinrich

20 *Der Schweizer Autor Gottfried Keller (1819−1890) beschreibt in seinem autobiografisch bestimmten Roman „Der grüne Heinrich" von 1854/55 eine Aufführung des „Wilhelm Tell".*

Mein Heimatdorf war nebst ein paar anderen Dörfern von einem benachbarten Marktflecken eingeladen worden zu
25 einer großen Darstellung des Wilhelm Tell, und infolgedes-sen war ich wieder durch meine Verwandten aufgefordert worden, hinauszukommen und an den Vorbereitungen teilzunehmen ...

---

[1] für die politisch interessierte Jugend damals als Vorbilder geltende Persönlichkeiten

Man legte der Aufführung Schillers Tell zugrunde, welcher
in einer Volksausgabe vielfach vorhanden war, darin nur die
Liebesepisode zwischen Berta von Bruneck und Ulrich von
Rudenz fehlte. Das Buch ist den Leuten sehr geläufig, denn
5 es drückt auf eine wunderbare Weise ihre Gesinnung und
alles aus, was sie durchaus für wahr halten; wie denn selten
ein Sterblicher es übel aufnehmen wird, wenn man ihn
dichterisch ein wenig oder gar stark idealisiert.
Weitaus der größere Teil der spielenden Schar sollte als
10 Hirten, Bauern, Fischer, Jäger das Volk darstellen und in seiner Masse von Schauplatz zu Schauplatz ziehen, wo die
Handlung vor sich ging, getragen durch solche, welche sich
zu einem kühnen Auftreten für berufen hielten. In den Reihen des Volkes nahmen auch junge Mädchen teil, sich höch-
15 stens in den gemeinschaftlichen Gesängen äußernd, während die handelnden Frauenrollen Jünglingen übertragen
waren. Der Schauplatz der eigentlichen Handlung war auf
alle Ortschaften verteilt, je nach ihrer Eigentümlichkeit, sodass dadurch ein festliches Hin- und Herwogen der kostü-
20 mierten Menge und der Zuschauermassen bedingt wurde ...
Der wichtige und ersehnte Tag brach an mit dem aller-
schönsten Morgen: Der Himmel glänzte wolkenlos, und es
war in diesem Hornung[1] schon so warm, dass die Bäume
anfingen auszuschlagen und die Wiesen grünten. Mit Son-
25 nenaufgang, als eben der Schimmel an dem funkelnden
Flüsschen stand und gewaschen wurde, tönten die Alpen-
hörner und Herdengeläute durch das Dorf herab und ein
Zug von mehr als hundert prächtigen Kühen, bekränzt und
mit Glocken versehen, kam heran, begleitet von einer gro-
30 ßen Menge junger Burschen und Mädchen, um das Tal
heraufzuziehen in die anderen Dörfer und so eine Berg-
fahrt vorzustellen ...
Endlich gelangten wir in den Flecken, welcher für heute
unser Altdorf war. Als wir durch das alte Tor ritten, fanden
35 wir die kleine Stadt, welche nur einen mäßig großen Platz
bildete, schon ganz belebt, voll Musik und Fahnen, und Tan-
nenreiser an allen Häusern. Eben ritt Herr Geßler hinaus,
um in der Umgegend einige Untaten zu begehen, und

---

[1] Hornung: alte Bezeichnung für Februar

nahm den Müller und den Harras mit ... Die Zuschauer strömten auch bald zum Tore herein; denn obgleich nicht alle überall sein wollten, so begehrte doch die größere Zahl, die ehrwürdigen und bedeutungsvollen Hauptbege-
5 benheiten zu sehen und vor allem den Tellschuss. Schon sahen wir auch aus dem Fenster des Rathauses die Spieß-knechte mit der verhassten Stange ankommen, dieselbe mitten auf dem Platz aufpflanzen und unter Trommelschlag das Gesetz verkünden. Der Platz wurde jetzt geräumt, das
10 sämtliche Volk, mit und ohne Kostüm, an die Seiten ver-wiesen, und vor allen Fenstern, auf Treppen, Holzgalerien und Dächern wimmelte die Menge. Bei der Stange schrit-ten die beiden Wachen auf und ab; jetzt kam der Tell mit seinem Knaben über den Platz gegangen, von rauschendem
15 Beifall begrüßt; er hielt das Gespräch mit dem Kinde nicht, sondern wurde bald in den schlimmen Handel mit den Schergen verwickelt, dem das Volk mit gespannter Auf-merksamkeit zusah, indessen Anna und ich nebst anderm zwingherrlichen Gelichter uns zur Hintertür hinausbega-
20 ben und zu Pferde stiegen, da es Zeit war, uns mit dem Geßler'schen Jagdzuge zu vereinigen, der schon vor dem Tore hielt. Wir ritten nun unter Trompetenklang herein und fanden die Handlung in vollem Gange, den Tell in großen Nöten und das Volk in lebhafter Bewegung und nur zu ge-
25 neigt, den Helden seinen Drängern zu entreißen. Doch als der Landvogt seine Rede begann, wurde es still. Die Rollen wurden nicht theatralisch und mit Gebärdenspiel gespro-chen, sondern mehr wie die Reden in einer Volksversamm-lung, laut, eintönig und etwas singend, da es doch Verse
30 waren; man konnte sie auf dem ganzen Platz vernehmen, und wenn jemand, eingeschüchtert, nicht verstanden wur-de, so rief das Volk: „Lauter, lauter!" und war höchst zufrie-den, die Stelle noch einmal zu hören, ohne sich die Illusion stören zu lassen ...
35 Doch machte sich der Volkshumor im Schoße des Schau-spiels selbst geltend, als es zum Schusse kam. Hier war seit undenklichen Zeiten, wenn bei Aufzügen die Tat des Tell auf alte Weise vorgeführt wurde, der Scherz üblich gewesen, dass der Knabe während des Hin- und Herredens den Ap-
40 fel vom Kopfe nahm und zum großen Jubel des Volkes

gemütlich verspeiste. Dies Vergnügen war auch hier wieder
eingeschmuggelt worden, und als Geßler den Jungen grim-
mig anfuhr, was das zu bedeuten hätte, erwiderte dieser
keck: „Herr! Mein Vater ist ein so guter Schütz, dass er sich
5 schämen würde, auf einen so großen Apfel zu schießen!
Legt mir einen auf, der nicht größer ist als Euere Barmherzigkeit, und der Vater wird ihn umso besser treffen!"
Als der Tell schoss, schien es ihm fast leidzutun, dass er
nicht seine Kugelbüchse zur Hand hatte und nur einen
10 blinden Theaterschuss absenden konnte. Doch zitterte er
wirklich und unwillkürlich, indem er anlegte, so sehr war er
von der Ehre durchdrungen, diese geheiligte Handlung
darstellen zu dürfen. Und als er dem Tyrannen den zweiten
Pfeil drohend unter die Augen hielt, während alles Volk in
15 atemloser Beklemmung zusah, da zitterte seine Hand wieder mit dem Pfeile, er durchbohrte den Geßler mit den
Augen, und seine Stimme erhob sich einen Augenblick lang
mit solcher Gewalt und Leidenschaft, dass Geßler erblass-
te und einen Schrecken über den ganzen Markt fuhr. Dann
20 verbreitete sich ein frohes Gemurmel, tief tönend, man
schüttelte sich die Hände und sagte, der Wirt (der nämlich
den Tell darstellte) wäre ein ganzer Mann, und solange wir
solche hätten, tue es nicht not.
Doch wurde der wackere Mann einstweilen gefänglich ab-
25 geführt, und die Menge strömte aus dem Tore nach verschiedenen Seiten, um anderen Auftritten beizuwohnen
oder sich sonst nach Belieben umherzutreiben. Viele blieben auch am Ort, um dem Klange der Geigen nachzuge-
hen, welche da und dort sich hören ließen.

Aus: Gottfried Keller: Der grüne Heinrich. Hg. von C. Heselhaus. München:
Hanser, 1958, S. 336ff.

Max Frisch: aus: **Wilhelm Tell für die Schule**

30 *Für den Schweizer Autor Max Frisch (1911–1991) ist Schiller*
mit seinem „Wilhelm Tell" der „Begründer eines nationalen
Selbstmissverständnisses" (Schillerpreis-Rede 1965). In „Wil-
helm Tell für die Schule" deutet Frisch die Schiller'schen Figuren
um: Geßler, hier der „dickliche Ritter", erscheint menschlich, Tell,
35 *der „Heuer", wird zum Meuchelmörder.*

[...] Der Heuer aber, umringt von seinen Landsleuten mitten auf dem Platz von Altdorf, wo heute sein Denkmal steht, brachte kein Wort heraus, auch nicht auf die entgegenkommende Frage, ob er vielleicht den Hut auf der
5 Stange einfach nicht gesehen habe. Er war's nicht gewohnt, Rede und Antwort zu stehen vor einem Publikum, blickte weniger auf den Herrn Vogt, der vermutlich schon etwas ungeduldig wurde, als auf seine Landsleute, denn mit diesen mußte er weiterleben. Er wolle heute noch bis Im-
10 mensee! sagte der dickliche Ritter, um die Antwort des Heuers zu beschleunigen. Vergeblich. Dieser hatte einen rötlichen Bart und Sommersprossenhaut, vermutlich ein Choleriker[1], der es in der Gesellschaft auch nicht immer leicht hatte. Warum er eigentlich immer eine solche Arm-
15 brust auf der rechten Schulter trage, fragte Ritter Konrad, um ihn zum Sprechen zu bringen. Vergeblich auch dies. Einige schienen zu grinsen. Die Spannung, was dem Herrn Vogt sonst noch alles einfallen könnte, war jetzt so groß, daß sie sich auf das Pferd übertrug, und der Tillen (wie
20 möglicherweise sein Spitzname lautete) konnte es nur mit schroffen Griffen zügeln, was einem Reiter unweigerlich den Anschein eines Wüterichs gibt. Erschrocken sagte jetzt der Mann mit der Armbrust: „Lieber Herr, es ist ungevärd und nit uß Verachtung geschechen, verzichend mirs, wär
25 ich witzig, so hießi ich nit der Tell, bitt umb Gnad, es soll nit mehr geschechen." Ein Versehen also; der dickliche Ritter glaubte es gerne, da sich das Verfahren dadurch verkürzte, und streichelte sein Pferd, um es zu besänftigen. Die Leute von Uri hingegen waren enttäuscht von dieser un-
30 tertänigen Rede, das spürte der Heuer und verbesserte sich: er sei ein freier Mann und grüße keinen Habsburger-Hut! Der dickliche Ritter streichelte noch immer sein Pferd, lächelte sogar. Nämlich es hing kein Habsburger-Hut auf dieser Stange, sondern ein kaiserlicher, dem Reverenz
35 zu erweisen war auch in einem reichsfreien Tal wie Uri. Das wußte die Mehrheit, nur der brave Heuer offenbar nicht. Es waren ja auch, wie man zugeben mußte, etwas komplizierte Verhältnisse damals. Eigentlich war die Sache

---

[1]   Choleriker: reizbarer, jähzorniger Mensch

jetzt erledigt – nur der Armbrust-Vater, da er hatte belehrt
werden müssen und die öffentliche Blamage nicht auf sich
sitzenlassen konnte, verbesserte sich nochmals: Auch den
Hut des Kaisers täte er nicht grüßen, nie und nimmer, ein
5 freier Urner usw. Das war unnötig, aber gesagt. Der Mann
hatte plötzlich einen roten Kopf, sagte es sogar noch einmal und lauter als zuvor. Vielleicht spürte er ebenfalls den
Föhn. Einige sagten: Gott stehe ihm bei! Andere warteten
wortlos auf seine Verhaftung. Auch der Bub spürte, daß sein
10 verwirrter Vater irgendeinen Schnitzer begangen hatte,
und wollte ihm beistehen, indem er den Vater rühmte: er
treffe den Vogel im Flug. Das war im Augenblick nicht gefragt. Als der Herr Vogt auf seinem Pferd gar nichts sagte,
im Augenblick ratlos, wie er mit dem Sonderling zu Rande
15 kommen sollte, sagte der Bub, sein Vater treffe den Apfel
auf dreißig Schritt. Auch das war eigentlich nicht gefragt –
irgendwie hielt es Konrad von Tillendorf für einen rettenden Witz: Dann solle der Armbrust-Vater doch seinem
vorlauten Bub, der ihm, nämlich dem dicklichen Ritter, auf
20 die Nerven ging, einmal einen Apfel vom Kopf schießen!
Das sagte er, indem er schon die Zügel straffte, um vom
Platz zu reiten – er begriff gar nicht, warum das Fräulein
von Bruneck, das immer noch zugegen war, zu flehen an-
fing: Herr Konrad! Sie nahm es ernst. Sie redete von Gott.
25 Hinzu trat jetzt Pfarrer Rösselmann, um es ebenfalls ernst
zu nehmen. Schon lange hatte man auf irgendeine Unge-
heuerlichkeit gewartet, nun hatte man sie: Vater muß Kind
einen Apfel vom Kopf schießen! Alle drängten sich, das
wollten sie gesehen haben: Vater muß Kind einen Apfel vom
30 Kopf schießen. Der Heuer selbst, als er sich im Mittelpunkt
öffentlichen Mitleids sah, konnte kaum anders: Er nahm
einen Pfeil aus dem Köcher, legte ihn auf seine Armbrust,
um seinen Landsleuten zu zeigen, daß er kein Schwätzer
war. Offenbar hörte er nicht, was der Herr Vogt unterdes-
35 sen sagte, niemand hörte es; er merkte bloß, daß er in der
Verwirrung etwas vergessen hatte, und nahm den Pfeil
nochmals von seiner Armbrust, hielt ihn zwischen den
Zähnen, während er die Armbrust spannte mit Hilfe des
Fußes (wie neulich bei Amsteg), dann legte er den Pfeil
40 wieder auf seine Armbrust, bevor ein Apfel gefunden war.

Das blöde Lächeln des dicklichen Ritters, der immer noch
dachte, er habe einen Witz gemacht, erbitterte natürlich
die Waldleute; wieder war's jener Bauer aus Altzellen, der
in seiner Wut kaum zu halten war, er, der schon einmal
5 einen Vogt eigenhändig erschlagen hatte. Auch der junge
Ulrich von Rudenz, Neffe des Freiherrn von Attinghausen,
redete jetzt im Namen des Volkes, im Namen seiner
Grundhörigen, während der Herr Vogt nur an seinen
Handschuhen herumzupfte, offenbar meinte, er habe die
10 einfache Lösung: Begnadigung mangels Apfel. Der Bub aber,
als er seinen Vater im öffentlichen Mittelpunkt sah, tat das
Seine: fand tatsächlich einen grünen Apfel in seiner Hosen-
tasche. Schon wurde die Gasse gebildet; der Armbrust-
Vater kniete, bevor die Gasse gebildet war. Das war der
15 Augenblick für Pfarrer Rösselmann, der jetzt ebenfalls
kniete und um Erbarmen flehte mit gefalteten Händen,
nachdem der Herr Vogt, erschrocken über den Lauf der
Dinge, bereits zweimal gesagt hatte: Spaß beiseite! Gerade
der Spaß aber empörte die Waldleute; sie beteten zu Gott,
20 daß der Apfelschuß gelinge. Beinahe war es zu spät, als
Ritter Konrad oder Grisler von seinem Pferd sprang; der
kniende Schütze zielte bereits mit gekniffenem Auge, als
Ritter Konrad oder Grisler zu ihm trat und den Pfeil von
seiner zitternden Armbrust nahm, wortlos – dieser Urner
25 wäre imstande gewesen und hätte auf den grünen und
ziemlich kleinen Apfel geschossen, bloß um seiner Schütze-
nehre willen. Das war ein peinlicher Augenblick für alle: für
den dicklichen Ritter, der plötzlich die Regie verloren hatte, sowie für das betende Publikum, nicht zuletzt aber für
30 den Schützen, der sich verhöhnt fühlte. [...]

Aus: Max Frisch: Wilhelm Tell für die Schule. Frankfurt/M.: Suhrkamp, 1971,
S. 70ff.

(Aus lizenzrechtlichen Gründen wurde der Text nicht in reformierter Schrei-
bung abgedruckt.)

4. Tell in Deutschland – ein Politikum?

Georg Herwegh: Der Freiheit eine Gasse (1841)

*Georg Herwegh (1817–1875) stritt in seinen Texten für die
Einheit und die Freiheit Deutschlands. Während der Revolution
von 1848 beteiligte er sich aktiv am Aufstand in Baden; nach
dessen Scheitern floh Herwegh in die Schweiz. Der Titel des
5 folgenden Gedichtes erinnert an die Schweizer Befreiungsbewe-
gung und dient hier als Aufruf im Sinne von: „Für die Befreiung
Deutschlands gegen die Restauration!"*

Vorm Feinde stand in Reih und Glied
Das Volk um seine Fahnen,
10 Da rief Herr Struthahn Winkelried:
„Ich will den Weg euch bahnen!
Dir, Gott, befehl ich Weib und Kind,
Die ich auf Erden lasse –"
Und also sprengt' er pfeilgeschwind
15 Der Freiheit eine Gasse.

Das war ein Ritter noch mit Fug,
Der wie ein heiß Gewitter
Die Knechte vor sich niederschlug –
O wär ich solch ein Ritter,
20 Auf stolzem Ross von schnellem Huf,
In schimmerndem Kürasse
Zu sterben mit dem Donnerruf:
Der Freiheit eine Gasse!

Doch zittert nicht! Ich bin allein,
25 Allein mit meinem Grimme;
Wie könnt ich euch gefährlich sein
Mit meiner schwachen Stimme?
Dem Herrscher bildet sein Spalier,
Wie sonst, des Volkes Masse,
30 Und niemand, niemand, ruft mit mir:
Der Freiheit eine Gasse!

Ihr Deutschen ebnet Berg und Tal
Für eure Feuerwagen,
Man sieht auf Straßen ohne Zahl
Euch durch die Länder jagen;

Auch dieser Dampf ist Opferdampf –
Glaubt nicht, dass ich ihn hasse –
Doch bahnet erst in Streit und Kampf
Der Freiheit eine Gasse!

5 Wenn alle Welt den Mut verlor,
Die Fehde zu beginnen,
Tritt du, mein Volk, den Völkern vor,
Lass du dein Herzblut rinnen!
Gib uns den Mann, der das Panier
10 Der neuen Zeit erfasse,
Und durch Europa brechen wir
Der Freiheit eine Gasse!

Aus: G. Herwegh: Herweghs Werke in einem Band. Berlin u. Weimar: Aufbau
Verlag, 1975, S. 36ff.

Tell – auf dem Theater in Deutschland

*Es liegt auf der Hand, dass Schillers Drama „Wilhelm Tell", das
den Freiheitskampf der Schweizer zum Thema hat, in Zeiten
15 politischer Unterdrückung besonders aktuell und brisant wird.*

1848
Begeisterung um den „Wilhelm Tell" im Revolutionsjahr.
Die Berliner Aufführung am 23. März 1848, wenige Tage
nach den Barrikadenkämpfen, gestaltete sich zu einem
20 wahren Volksfest. Aber nach dem Sieg des reaktionären
Adels wurde die Lektüre des „Tell" sogar als Privatlektüre
an den preußischen Lehrerbildungsanstalten verboten.

1933
Die Nationalsozialisten sahen zunächst in dem Freiheits-
25 kampf der Eidgenossen gegen die Macht Habsburgs eine
Parallele zu dem Kampf gegen das Diktat des Versailler
Vertrags und in Attinghausens „Ans Vaterland, ans teure,
schließ dich an" einen Aufruf zur Bildung des Großdeut-
schen Reiches; in den Schulen wurde der „Tell" Pflichtlek-
30 türe. Aber als nach den immer weitergreifenden Erobe-
rungsplänen Hitlers Stauffachers „Nein, eine Grenze hat
Tyrannenmacht" demonstrativ von vielen Deutschen als
eine Warnung an Hitler verstanden wurde, erging aus dem
Führer-Hauptquartier folgendes Geheimschreiben:

1941

Geheim	Der Reichsminister
An	und Chef der Reichskanzlei
den Herrn Reichsminister	RK. 890 A g
₅ für Wissenschaft, Erzie-	Berlin, den 12. Dezember 1941
hung und Volksbildung	z. Zt. Führer-Hauptquartier

Betrifft: Schauspiel ‚Wilhelm Tell'

Auf das Schreiben vom 8. November 1941 –
E III a 495 g/41 (a) –

₁₀ Nach dem Wunsche des Führers soll das Schauspiel ‚Wilhelm Tell' als Lehrstoff in den Schulen nicht mehr behan-
delt werden. Eine sofortige Entfernung der dem Schauspiel
‚Wilhelm Tell' entnommenen Kernsprüche und Lieder aus
den im Gebrauch befindlichen oder jetzt noch im Buch-
₁₅ handel vorhandenen Lese- oder Geschichtsbüchern hält
der Führer aus technischen Gründen nicht für möglich,
auch nicht für notwendig. Bei Neuauflagen von Schulbü-
chern oder bei der Herausgabe neuer Schulbücher sollen
aber derartige Kernsprüche und Lieder aus ‚Wilhelm Tell'
₂₀ nicht mehr aufgenommen werden.
Abschrift dieses Schreibens habe ich dem Chef der Kanzlei
des Führers der NSDAP übersandt.

Dr. Lammers

Aus: Edgar Neis: Klassiker wieder aktuell? Wie finden Schüler heute Zugang zur
Dichtung der Goethezeit? Freiburg – Basel – Wien: Herder 1979, S. 52 (= Herder Taschenbuch 9322)

Eine Inszenierung und ihre Folgen:
Berlin (Ost), 1962

Die folgenden beiden Texte beziehen sich auf eine „Tell"-Insze-
nierung von 1962 in Ost-Berlin. Am 13. August 1961 war die
₅ *Berliner Mauer errichtet worden, durch die sich die damalige*
DDR fast hermetisch von der Bundesrepublik und damit von
Westeuropa abschloss. Staats- und SED-Parteichef war damals

Walter Ulbricht (der einen Spitzbart trug, – vgl. den „Spiegel"-Text). Regisseur Wolfgang Langhoff geriet nach der „Tell"-Inszenierung in Konflikt mit dem DDR-Regime und gab 1963 die Leitung des Deutschen Theaters in Ost-Berlin auf.

Friedrich Schiller, Wilhelm Tell

5 Inszenierung Wolfgang Langhoff, Deutsches Theater Berlin-Ost (DDR), 1962

Die große Leistung Langhoffs bestand darin, in Schillers Stück einen weltgeschichtlich bedeutsamen Vorgang zu entdecken [...]
10 Regisseur und Darsteller spürten im Text all jene Momente auf, die den revolutionären Geist des Stücks in bewegend-szenischer Anschaulichkeit umzusetzen erlaubten. Da werden die Fronarbeiter auf Zwing-Uri nicht mehr nur als Unterdrückte gezeigt, sondern vor allem als bewusste Männer,
15 die sich zu einem illegalen Streik, einer Arbeite-langsam-Bewegung, zusammenfinden. Nach Tells Verhaftung spricht die Empörung nicht bloß aus den Worten; wir sehen, wie die Schweizer den Tell in der Tat zu befreien suchen und von der bewaffneten Übermacht der Söldner erst in einem von
20 Spießen gesicherten Karree zusammengetrieben werden müssen. Und Erika Pelikowsky lässt die Armgard aus einer Flehenden zur leidenschaftlichen Empörerin werden.
[...] Die Regie machte dabei keinerlei Anstalten, die utopischen Züge in Schillers Gesellschaftsbild zu bekritteln. Sie
25 stellte das Ideal naiv vor, darauf vertrauend, dass die Wirklichkeit der revolutionären Vorgänge, die sich seit 1945 in Deutschland vollzogen, den Zuschauer die realen gesellschaftlichen Inhalte eines solchen Gesellschaftsmodells erkennen lassen. Der Gedanke vom freiwilligen Verzicht
30 des Schweizer Adels auf seine Vorrechte allerdings wurde durch eine Textredaktion aus der von Schiller beabsichtigten exponierten Stellung herausgenommen. Das Stück endet mit den Worten des Rudenz: „Und frei erklär' ich alle meine Knechte." In Langhoffs Inszenierung folgt dieser
35 Entscheidung noch eine Passage aus dem 1. Bild des V. Akts, sodass die Aufführung mit dem Zwiegespräch Walter

Fürst – Melchthal schließt:
„Das Werk ist angefangen, nicht vollendet ...
Ist aus dem Innern doch der Feind verjagt,
Dem Feind von außen wollen wir begegnen."

Aus: M. Berger u.a.: Theater in der Zeitenwende. Zur Geschichte des Dramas und des Schauspieltheaters in der Deutschen Demokratischen Republik 1945–1968, Bd. II. Berlin: Henschel, 1972, S. 212–216.

Jürgen Leinemann:
„Eine geheimnisvolle Arroganz"

5 *Im folgenden Artikel geht der Spiegel-Autor Jürgen Leinemann auf die Inszenierung Langhoffs ein:*

Seit 150 Jahren spiegelt das Deutsche Theater in Berlin das Drama der Nation. Und die Langhoffs leben und inszenieren es in der dritten Generation.
10 [...] Am 10. März 1962 öffnete sich der Vorhang des Deutschen Theaters zum vorletzten Akt des Lebensdramas seines amtierenden Intendanten. Der hatte Schillers „Wilhelm Tell" inszeniert, und das, obwohl er gewarnt worden war, dass Staats- und Parteichef Walter Ulbricht den „Tell"
15 nicht ausstehen könne.
Das sei gewiss ein Irrtum, fand Langhoff. Und nun tönt es, sieben Monate nach der Zementierung der deutschen Spaltung, von der Bühne: „Wir wollen sein ein einzig Volk von Brüdern." Und den Tyrannen zierte zu allem Überfluss
20 ein Spitzbart.
„Eigentlich ist es der Tell gewesen, der ihm das Genick gebrochen hat", glaubt Sohn Thomas heute, obwohl der Vater das Stück in lauterster politischer Absicht inszeniert habe. War es Widerstand? Nie würde Wolfgang Langhoff sein
25 quälendes Ringen mit den Kulturbürokraten der SED so bezeichnet haben. Er stellte die ihn umgebende Welt, bei aller kritischen und ironischen Distanz, nie grundsätzlich in Frage. Er wollte das System verbessern, die Menschen erziehen, eine ideale DDR schaffen helfen – wie einst sein
30 Freund, Mitstreiter und Rivale Bertolt Brecht. [...]

Aus: Der Spiegel, Nr. 16, 13.4.98, S. 192ff.

Tell zum Nachdenken über „Deutsches" – Heyme-Inszenierung von 1966 und 1986

Hansgünther Heymes „Tell"-Inszenierungen von 1966 (Wiesbaden) und 1986 (Essen) waren in Westdeutschland umstritten.
5 *Kritiker und Zuschauer fragten, ob ein Regisseur wie hier Heyme den Schiller-Text ‚gegen den Strich', also gegen die Absichten des Autors, auf die Bühne bringen dürfe.*

Friedrich Schiller, Wilhelm Tell

Inszenierung: Hansgünther Heyme Wiesbaden, 1966

Heyme vertritt eine dezidiert gesellschaftskritische Position, die sich gerade in den Inszenierungen der Klassiker
10 niederschlägt. [...] Demnach steht dem Regisseur die „freie Verfügung" über einen Text zu, ohne die „sich das Theater auf eine Lesung reduziert". [...]
Das äußert sich bereits in der Bühnenkonzeption: Statt die Schweizer Landschaft (für Schiller der „alte Urstand der
15 Natur", der im Stück mit dem Einbruch des Menschen konfrontiert wird) ins Bild zu setzen, ließ er von seinem Bühnenbildner Frank Schultes ein überdimensionales Treppengerüst mit Durchgängen zur Hinterbühne errichten, das eine nach vorne hin offene Spielfläche von drei Seiten um-
20 schloss, grell ausgeleuchtet durch eine Reihe demonstrativ sichtbarer Scheinwerfer. Diese anti-illusionistische Szenerie, nicht stilisiertes Abbild einer im Stück entworfenen Wirklichkeit, sondern Bewegungsraum für die Regie, ist jedoch nicht der wichtigste Aspekt von Heymes Angriff ge-
25 gen die *Tell*-Konvention, denn er griff damit auf bestimmte, wenn auch verschieden geartete Vorbilder zurück. [...]
Dementsprechend war die Zeichnung der Figuren. Tell erschien als „ungebärdiger roher Asozialer", dessen Tat nur seiner persönlichen Rache diente und ihn auf die gleiche
30 Ebene mit Parricida stellte. Stauffacher, fast kahlköpfig, mit Nickelbrille, übernahm die Rolle des Demagogen, der in Goebbels-Manier die wütende Masse zum Rütli-Schwur aufheizte; daneben Attinghausen als Hindenburg-Figur, sich auf ein brusthohes „Renommierschwert" stützend. Der Konzeption nach, statt der nationalen Erhebung gegen

fremde Tyrannei die Hysterie eines Massenputsches in den
Vordergrund zu stellen, blieb die Figur des Geßler blass,
eher hilflos.
Es ist verständlich, dass eine solch extreme Interpretation,
5 die die Seh- und Verständnisgewohnheiten provokativ zer-
störte, nicht widerspruchslos über die Bühne ging. [...]

Aus: Joachim Hintze: Ansätze zu einer neuen Klassikerrezeption auf dem Theater der Bundesrepublik. In: Holger Sandig (Hrsg.): Klassiker heute. München:
Goldmann, 1972, S. 114–117.

*1986 inszeniert Hansgünther Heyme nach der Konzeption ei-
ner Aufführung des Staatsschauspiels Stuttgart den „Wilhelm
Tell" in Essen neu.*

10 *Vor Beginn der Proben notiert der Regisseur folgende Überlegungen:*

Stichworte zur Konzeption

Schillers Wilhelm Tell, eine deutsche Geschichte. – Unser
Tell spielt in Deutschland. Die Tell-Figur ist heute längst von
15 der altväterlichen Politik vereinnahmt, das Schweizer Mi-
lieu weckt touristische Assoziationen, das von Schiller be-
schriebene Mittelalter ist theatralisch gründlich verbraucht.
All das kann in unserem Ansatz keine Rolle spielen. Auch
können wir nicht davon absehen, wie das Stück im Laufe
20 seiner Rezeptionsgeschichte von Nationalliberalen, Patri-
oten, Deutschnationalen und Nazis vereinnahmt worden
ist, während die republikanische Interpretation keine Tradi-
tion bilden konnte. Also wollen wir das so vielfältig blok-
kierte und belastete Material unsererseits nicht nur „be-
25 nützen", sondern versuchen, mit Schillers „Tell" Fragen zu
diskutieren, die das Stück als komplizierte und wider-
sprüchlich zu beurteilende anschneidet: die Frage nach
dem Recht auf WIDERSTAND, dem GERECHTEN MORD, dem
politischen MISSBRAUCH DES EINZELNEN und einer ganzen
30 VOLKSBEWEGUNG.
Die Fragen werden als deutsche abgehandelt, deutsche
Geschichte steht zur Debatte. Die Zeit der Stückentste-
hung ist der Ausgangspunkt. [...]

Der „Tell" soll eben da beginnen, [...] am Beginn des 19. Jahrhunderts. In der Ausstattung werden verschiedene Zeiten verbunden, die einzelnen Bilder haben jeweils einen eigenen historischen Ansatz: Zeitcollage. Es handelt sich
5 jedoch um keine beliebigen Brüche und Sprünge, sondern es sollen präzise diejenigen Momente deutscher Geschichte erfasst werden, die der politischen Grundkonstellation des „Tell" entsprechen: die Befreiungskriege 1813 und die Ruhrbesetzung 1923, diese freilich auch mit der Perspek-
10 tive auf die Zeit des Faschismus.
Ein so volkstümliches Stück wie der „Tell" erfordert einen entschiedenen Zugriff, der die Klischees seiner breiten Rezeption vermeidet und dafür die Brüche und Widersprüche aufsucht und mit Spannungen auflädt, um dadurch
15 zum Nachdenken über „Deutsches" zu provozieren. Nicht die Schlüssigkeit einer politischen Parabel wird gesucht, kein Decodierungsrezept, und das Gegen-den-Strich-Lesen erschöpft sich nicht in der Umkehr und Gegenbehauptung, sondern es wird überprüft und an unserer geschichtlichen
20 Erfahrung gemessen, was der „Tell" an unterschiedlichen politischen Vorgängen, Situationen, Thesen enthält. Dabei ergibt sich auch die Gelegenheit, ja Notwendigkeit, die verschiedenen Tell-Mythen in dem Stück kritisch zu untersuchen: vom Starken, der am mächtigsten allein ist, vom
25 großen Schützen, der den Vogel ja im Flug trifft, vom Retter Tell, vom Gerechten, vom Täter mit dem Anspruch, große Politik zu machen. Das muss die Figur als Sympathieträger nicht einschränken. Aber es kann gezeigt werden, wie sie zu missbrauchen ist. [...]

Stichworte zur Konzeption der Essener Wilhelm Tell-Aufführung 1986 als Neuinszenierung nach der Konzeption einer Aufführung des Staatsschauspiels Stuttgart von Heyme
Aus: theater und philharmonie essen, schauspiel, schiller Tell. heyme. Essen, 1986

5. Tell und die „deutsche Revolution" 1989

Am 9.11.1989 öffnete die DDR die Grenzen zur Bundesrepublik Deutschland. Während des Jahres war der Druck auf die DDR-Führung vonseiten der Bevölkerung immer stärker geworden. Die Ereignisse des Jahres 1989 führten schließlich zur
5 *Vereinigung Deutschlands. Die folgenden Texte und Bilder dokumentieren u.a., wie Schillers „Tell" in der innenpolitischen Situation der DDR von 1989 Aktualität erhielt.*

Der Tell des Tages

„Erregend, dass einem der Schweiß ausbricht":
ein Schiller-Gastspiel in Ostberlin

10 In der Volksbühne am Rosa-Luxemburg-Platz in Ost-Berlin, einen Tag nach der oppositionellen[1] Massendemonstration in Leipzig. Gelächter und Beifall im Zuschauerraum, wenn der Landvogt Geßler in Friedrich Schillers „Wilhelm Tell" ruft: „Was läuft das Volk zusammen, treibt sie auseinander!
15 Schafft das freche Volk mir aus den Augen. Den kecken Geist der Freiheit will ich beugen."
Der aufmüpfige Tell (Veit Schubert) wird von einer Soldateska[2] mit Gummiknüppeln niedergeschlagen. Er rächt sich und schießt von der Balustrade[3] eines Schlossportals, das
20 dem am DDR-Staatsratsgebäude täuschend ähnlich sieht und ein Feixen im Publikum auslöst, auf den davor im dunklen Anzug mit Schlips und Kragen schwadronierenden[4] Geßler (Heinrich Schmidt) – unter dem Blitzlichtgewitter eines Fotoreporters und ruft: „Fort muss er, seine Uhr ist
25 abgelaufen!" Wieder gibt es prompt Szenenbeifall, in diesem Stück sehr häufig.
Die Theaterszene wurde zum Tribunal[5], nicht zum ersten Mal in Ost-Berlin, diesmal beim Gastspiel des Mecklenbur-

---

[1] im Gegensatz zur Regierung bzw. zu den Regierungsparteien stehend
[2] wilder, roher Soldatenhaufen
[3] Brüstung, Balkon mit Geländer
[4] wortreich prahlen, schwatzen
[5] Gerichtshof, Strafgericht

gischen Staatstheaters Schwerin bei den Ost-Berliner Fest-
tagen mit der sehr unkonventionellen, vor allem jugendli-
che Zuschauer ansprechenden Inszenierung von Schillers
Freiheitsdrama durch Christoph Schroth, den neuen Ober-
5 spielleiter des „Berliner Ensembles"[1]. Er ist bekannt für
ungewöhnliche Theaterereignisse. Ungewöhnlich begann es
aber diesmal schon im Theaterfoyer[2] beim Verkauf der
Programmhefte, in denen ausgerechnet der Besetzungszet-
tel fehlte. Von vielen empörten Theaterbesuchern genervt,
10 sagte einer der Programmheftverkäufer schließlich laut
und deutlich: „Die Druckerei hat nur noch einen Drucker,
die anderen sind alle nach drüben abgehauen!"

„Reißt die Mauern ein"
Die Tagesaktualität dominiert an diesem Theaterabend
15 eindeutig. Der berühmte Rütli-Schwur des Stückes („Wir
wollen sein ein einig Volk von Brüdern") wird von der
Marseillaise[3] begleitet, dem revolutionären „Allons enfants
de la patrie", das die Kinder des Vaterlandes zum Aufbruch
ruft. Donnernden Beifall gibt es, wenn es im Stück heißt:
20 „Wartet ihr ab, ich handle. Wer ist so feig und könnte jetzt
noch zagen?"
Das Schlussbild zeigt ein Schild mit der Aufschrift „Sperr-
gebiet – Unbefugten ist das Betreten verboten!" Die
Schauspieler legen Zündschnüre um die hier als Baustelle
25 ausgewiesene Zwingburg, und Tell entschwebt an einem
Drachensegler durch den Zuschauerraum in den Rang.
„Reißt die Mauern ein! Wir haben's aufgebaut, wir wissen's
zu zerstören." Wahre Beifallsstürme und Bravorufe brechen los, das Theater tobt am Schluss der Vorstellung vor
30 Begeisterung.
In einer anschließenden Diskussion mit dem Publikum
meinte eine Zuschauerin: „Das ist erregend, dass einem
der Schweiß ausbricht." Ein anderer sagte: „Das war ein
Tribunal, engagiertes politisches Theater." Ein Ensemble-
35 Mitglied betonte, bei der Premiere seien viele Momente im
Stück noch utopisch erschienen. „Dass uns die Geschichte

---

[1] 1949 von Bertolt Brecht in Ostberlin gegründete Theatergruppe
[2] Wandelhalle im Theater
[3] die franz. Nationalhymne, nach der franz. Stadt Marseille

überholt, haben wir doch alle nicht geglaubt." Ein anderer
Schauspieler sagte: „Ich frage mich manchmal, ob ich das
Recht habe, gegenwärtig überhaupt noch Theater zu spielen und nicht viel direkter einzugreifen. Es wird wohl noch
5 viel heißer werden."

Wilfried Mommert (dpa)

Aus: Theater heute, Nr. 11/89, S. 64

Die Schaubühne als eine moralische Anstalt betrachtet

(Titel einer programmatischen Schrift Schillers von 1784)

Der nachfolgende Text wurde seit dem 6. Oktober 1989 von den Schauspielern des Dresdener Staatstheaters allabendlich nach den Vorstellungen verlesen. Anschließend fanden politische Diskussionen im Foyer statt.

AUFRUF
in Dresden

Wir treten aus unseren Rollen heraus. Die Situation in unserem Land zwingt uns dazu.

Ein Land, das seine Jugend nicht halten kann, gefährdet seine Zukunft.

Eine Staatsführung, die mit ihrem Volk nicht spricht, ist unglaubwürdig.

Eine Parteiführung, die ihre Prinzipien nicht mehr auf Brauchbarkeit untersucht, ist zum Untergang verurteilt.

Ein Volk, das zur Sprachlosigkeit gezwungen wurde, fängt an, gewalttätig zu werden.

Die Wahrheit muss an den Tag. Unsere Arbeit steckt in diesem Land.

Wir lassen uns das Land nicht kaputtmachen.

Wir nutzen unsere Tribüne, um zu fordern:

1. Wir haben ein Recht auf Information.
2. Wir haben ein Recht auf Dialog.
3. Wir haben ein Recht auf selbstständiges Denken und auf Kreativität.
4. Wir haben ein Recht auf Pluralismus im Denken.
5. Wir haben ein Recht auf Widerspruch.
6. Wir haben ein Recht auf Reisefreiheit.
7. Wir haben ein Recht, unsere staatliche Leitung zu überprüfen.
8. Wir haben ein Recht, neu zu denken.
9. Wir haben ein Recht, uns einzumischen

Wir nutzen unsere Tribüne, um unsere Pflichten zu benennen:

1. Wir haben die Pflicht zu verlangen, dass Lüge und Schönfärberei aus unseren Medien verschwinden.
2. Wir haben die Pflicht, den Dialog zwischen Volk und Partei- und Staatsführung zu erzwingen.
3. Wir haben die Pflicht, von unserem Staatsapparat und von uns zu verlangen, den Dialog gewaltlos zu führen.
4. Wir haben die Pflicht, das Wort Sozialismus so zu definieren, dass dieser Begriff wieder ein annehmbares Lebensideal für unser Volk wird.
5. Wir haben die Pflicht, von unserer Staats- und Parteiführung zu verlangen, das Vertrauen zur Bevölkerung wiederherzustellen.

FÜR OFFENHEIT

Resolution des Ensembles der Ostberliner Volksbühne am Rosa-Luxemburg-Platz

Angesichts der sich krisenhaft zuspitzenden Lage in unserem Staat und der Unzufriedenheit in der Bevölkerung
5 wollen wir, Mitarbeiter der Volksbühne am Rosa-Luxemburg-Platz, unserer Beunruhigung Ausdruck geben. Unser Staat braucht zu seinem Fortbestand den mündigen Bürger. Das Vertrauen zwischen Partei- und Staats-Führung einerseits, der Bevölkerung andererseits ist gestört und
10 muss wieder hergestellt werden. Überlegungen aus der Bevölkerung zur Demokratisierung und Erneuerung des Sozialismus, der Versuch, sich in basisdemokratisch organisierten Gruppen zu artikulieren, dürfen nicht kriminalisiert werden. Eine noch größer werdende Kluft zwischen Füh-
15 rung und Bevölkerung würde ein Anwachsen rechtsextremer und konservativ-nationaler Tendenzen befördern, die auf einen Kurs der Konfrontation zusteuern werden. Diese Art von Zuspitzung bestehender Widersprüche in der Entwicklung unserer Gesellschaft muss verhindert
20 werden. Die Erhaltung des Sozialismus in unserem Staat ist unser Anliegen und kann nur Aufgabe der gesamten Bevölkerung sein. Wir fordern: einen aufrichtigen Dialog der Partei- und Staats-Führung mit der Bevölkerung; eine komplexe Analyse der Situation und öffentliche Diskussion da-

rüber; eine unbeschönigte Darstellung unserer Wirklichkeit in den Massenmedien. *Berlin, den 4.10.1989*

Aus: Theater heute, Nr. 11/89, S. 67

Demonstration auf dem Alexanderplatz, 7. Oktober 1989

Montagsdemonstration in Leipzig, 9. Oktober 1989

6. Szeneninterpretation – einmal anders

Szenisches Interpretieren

Gedichte und Erzählungen erfordern den *Leser*. Für das Drama gilt, dass es für den *Zuschauer* und *Zuhörer* auf einer Bühne „inszeniert" wird.

5 Schauspielerinnen und Schauspieler setzen den vom Autor verfassten Text in Mimik und Gestik, in Rede und Gegenrede, in Bewegung und Handlung um.

Der Ort, an dem die Akteure spielen, und die Zeit, in der dieses geschieht, stellen vielfach den Hintergrund dar, vor dem Einstellungen, Verhaltensmotive, angesprochene Pro-
10 bleme, Sprechen und Handeln der dargestellten Personen erst verständlich werden.

Der gedruckte Text gibt für dieses „Schauspiel" meist nur wenige, in jedem Fall aber ungenügende Hinweise. Knappe Orts- und Zeitangaben – zumeist zu Beginn einer Szene
15 – einige Regiebemerkungen als Informationen zu dem, was die Personen vor, während oder nach ihrer Rede tun, lassen den Leser oft über viele Einzelheiten im Unklaren, erst recht, wenn – wie im Tell – die Handlung zu einer Zeit stattfindet, die weit entfernt ist von der unseren.

Wie kann man mit diesen Schwierigkeiten umgehen?

20 „Ein Text, der vieles auslässt oder nur andeutet, kann natürlich auch die Fantasie anregen. So sehen das auch die Regisseure, Schauspieler und Bühnenbildner, für die der Dramentext ja eigentlich geschrieben wurde. Je weniger der Text vorgibt, umso mehr können und müssen sie hin-
25 zufügen, wenn sie das Stück auf die Bühne bringen wollen. Und deshalb gibt es zu Dramentexten ganz unterschiedliche Aufführungen." (Ingo Scheller: Friedrich Schiller „Wilhelm Tell" – szenisch interpretiert. Stuttgart 1992, S. 5)

Die Aufführung eines Theaterstücks zeigt somit, wie der
30 Regisseur und die Schauspielergruppe den Text interpretieren.

Diese Überlegungen können für eure eigenen Bemühungen, das Drama zu verstehen, ein hilfreicher Ansatzpunkt sein. Sie laden euch nämlich über das Lesen des Textes hinaus zu einem aktiven Umgang mit dem Drama ein.

Welcher Umgang mit dem Drama ist konkret gemeint?

Ihr trefft die auf der Bühne handelnden Personen in einer „Szene" an, in der sie miteinander in Verbindung treten; sie
5 teilen im Sprechen etwas über sich selbst und ihre Absichten mit. Dabei gestaltet der Text nicht alles aus. Er eröffnet Spielräume, das heißt, er ist offen für eigenes Ausgestalten und Experimentieren.

Dazu zählen zum Beispiel:
10 – die Gestaltung der Handlungsorte im Bühnenbild
– der Gesichtsausdruck der Personen
– die Gesten
– die Körperhaltungen
– die Kleidung
15 – die Art und Weise zu sprechen

Wenn ihr mit diesen Spielräumen experimentiert, hilft euch dieses, das Drama zu verstehen und euer Verständnis anderen mitzuteilen. Man spricht in diesem Zusammenhang auch vom „szenischen Interpretieren".
20 Wollt ihr zum Beispiel erfassen, was Personen zu bestimmten Handlungen antreibt, was sie in Problemsituationen bringt und warum sie welche Konfliktlösungen wagen, dann müsst ihr euch in sie hineinversetzen und ihre Motive ergründen.

Wie könnt ihr dabei vorgehen?

25 Eine einfache Form ist das szenische Lesen. Nach dem leisen Lesen könnt ihr einzeln oder in Kleingruppen laut lesen. Dabei könnt ihr improvisieren und den Text beim Lesen etwas verändern, ihr könnt euch unterbrechen und gegenseitig erläutern, warum ihr die eine oder andere „Les-
30 art" bevorzugt. Eine Lesehilfe kann es auch sein, wenn ihr besondere Betonungswörter oder Sprechpausen im Text markiert. Unterschiedliche Lautstärken und Betonungen zeigen bereits ein unterschiedliches Verstehen des Textes.

Dieser wird beim Lesen mit verteilten Rollen fortgeführt und intensiviert. Mit dem Rollen-Lesen versucht ihr, die Absichten, Haltungen und Beziehungen der Dramenfiguren herauszufinden und zu deuten. Dabei müsst ihr beachten,
5 dass die persönliche Beziehung der Figuren, ihr Beruf und ihre gesellschaftliche Stellung die Sprechweisen beeinflussen können.

Ihr könnt dieses szenische Lesen zum szenischen Spiel hin erweitern. Dabei solltet ihr eure Spielversuche immer wie-
10 der einmal unterbrechen und diese Pausen zur Diskussion über die Spiel- und Sprechweise und über das Verständnis des Textes nutzen. Kommentiert in diesen Gesprächen sehr ausführlich den Einsatz von Gestik und Mimik und die verwendeten Sprechweisen.

15 Eine weitere Möglichkeit besteht darin, Rollengespräche zu führen. Das bedeutet: Ihr lasst Gespräche zwischen den Personen stattfinden, die vom Dramentext nicht vorgegeben sind, die aber so stattgefunden haben könnten. Solche Gespräche führen oft zu einem genaueren Verständnis, weil
20 ihr euch in die jeweilige Figur hineindenken und -fühlen müsst, euch Gedanken über ihre Vorgeschichte, ihren Charakter, ihre Handlungsziele machen müsst.

Neben dem Dialog bietet sich für diese Darstellungsform auch der Rollenmonolog an. Die Figur ist allein und denkt
25 „öffentlich", sie äußert Gedanken, Gefühle hinsichtlich der eigenen Person, eigener Erwartungen und Vorhaben. Solche Monologe können zum Beispiel auch direkt an das „Publikum" gerichtet sein. Welche Gründe gibt es für das Verhalten einer Person? Wie beurteilt diese Person die Handlun-
30 gen der anderen? Dieses sind Fragen, die in derartigen Rollenmonologen beantwortet werden können. Die Fragen können von denjenigen gestellt werden, die gerade nicht spielen und die Rolle des Publikums und der Beobachter übernehmen.

35 Eine weitere Möglichkeit zu zeigen, wie ihr eine bestimmte Szene verstehen wollt, ist es, mit sogenannten Standbildern zu arbeiten. Sie können in besonderer Weise verdeutlichen, welche Beziehung zwischen den handelnden Personen besteht. Zu diesem Zweck wählt ihr Mitschüle-
40 rinnen und Mitschüler aus und formt aus ihnen ein Stand-

bild nach der Vorstellung, die ihr von einer bestimmten Szene habt. Nähe und Ferne, unterschiedliche Größen, Körperhaltungen sind Gesichtspunkte, die ihr dabei berücksichtigen könnt. Beobachter, die an der Erstellung des Standbildes nicht beteiligt sind, können versuchen, diese Bilder zu beschreiben und zu deuten.

Texte verfassen

Neben den zuvor beschriebenen Verfahren des szenischen Interpretierens gibt es weitere Möglichkeiten, ein Drama zu erschließen und dieses Verständnis anderen mitzuteilen. In diesem Fall geht es darum, eigene Texte zu verfassen, in denen ihr euch mit den Räumen, Gegenständen, Lebensgeschichten, Lebenszusammenhängen, Einstellungen, Handlungen und Beziehungen der Personen auseinandersetzt.

Welche Verfahren könnt ihr dabei anwenden?

1. Ihr könnt auf einer Fantasiereise („Stell dir vor, du bist zugegen, als ...") Vorstellungsbilder entwickeln und euch so in eine Textsituation hineinführen lassen und eure „Erlebnisse" in einem Text wiedergeben. Eine geeignete Textform ist in diesem Zusammenhang der innere Monolog.

2. Ihr könnt während der Lektüre einer Szene an einer Stelle einhalten, eine Fortsetzung entwerfen und anschließend begründen, warum ihr die Fortsetzung so (und vielleicht auch anders) gestaltet habt.

3. Ihr könnt in der Ich-Form Figuren des Dramas sich vorstellen und charakterisieren lassen („Ich heiße Geßler ...").

4. Ihr könnt zu einer Figur eine mögliche Vorgeschichte verfassen und zum Beispiel biografische Einzelheiten einfügen, die nicht im Text stehen, aber ihr Verhalten begründen können.

5. Möglich ist es auch, den Tagesablauf oder konkrete Handlungen einer Person darzustellen und zu kommentieren. Dabei könnt ihr unterschiedliche Perspektiven (z.B. aus der Sicht einzelner Figuren) einplanen.

Diese Personen können im Drama vorkommen oder hinzuerfunden werden (z.B. ein Freund von Tells Sohn Walter) oder aus späterer, zeitverschobener Sicht ergänzt werden. Achtet darauf, dass ihr die Form, in der ihr euren Text schreiben wollt, vorher festlegt: Brief, Tagebuch, innerer Monolog, Flugblatt, Bittschrift ...

6. Ihr könnt eine im Text angedeutete Handlung in Form einer Erzählung ausgestalten.

7. Ihr könnt einen Textausschnitt in eine andere Sprachverwendung (z.B. einen Dialog in Jugendsprache) umschreiben.

Folgenden Grundsatz solltet ihr immer beachten: Die beschriebenen Verfahren dürfen nicht Selbstzweck werden, sondern sollen das Verstehen der Szene/des Dramas fördern. Darum sollten eure Tätigkeiten immer von Phasen begleitet werden, in denen ihr eure Ideen und deren Umsetzung überprüft. Das heißt: Im Zentrum steht die Diskussion der von euch erprobten Lösungen. Sie kann zu einem intensiveren Textverständnis führen.